# HANSPETER WOLFSBERGER

# Aufbruch

## ZU ADVENTS- UND WEIHNACHTSSTILLE

### EIN WEGBEGLEITER IN DER ZEIT DER LICHTER

# IMPRESSUM

Besuchen Sie uns im Internet:

www.vlm-liebenzell.de

ISBN 978-3-921113-21-9

© 2007 by Verlag der Liebenzeller Mission

Bilder © by Bildagenturen

Satz und Gestaltung:

Henri Oetjen, DesignStudio Lemgo

Printed in Czech Republic/EU

# VORWORT

Es kann schon sein, dass es keinen „goldenen Weg" gibt, das Stille und Besinnliche zu hüten. In der Adventszeit, zum Beispiel. Denn was sich innerhalb eines Jahres an Lärmteppich, an erzwungenem Verzicht auf das Feine, Angedeutete, Schöne und so weiter ergeben hat, das hört nicht abrupt auf, weil der Kalender dazu auffordert.

Aber wenn dann mal eine besondere Zeit kommt wie die Adventszeit, die schon durch ihr Äußeres, die Lichter, die Gerüche oder das Häusliche etwas anbietet, dann meine ich, sollte man es vielleicht doch noch mal versuchen mit dem Stehenbleiben, dem Langsammachen, der Suche nach innerer Einkehr. Geduldig und barmherzig gegen sich selber, versteht sich, und ohne Selbstverurteilungen, wenn es dann doch nicht klappt. Stille kann man nicht kommandieren, man sollte sie suchen und vorsichtig betreten, wenn man sie findet.

Dazu gibt es dieses Buch. Die folgenden Seiten muss man nicht „durchlesen", obwohl die Abschnitte teilweise einem biblischen Text folgen. Man darf auch einfach stöbern und irgendwo hängen bleiben. Darum das bunte Inhaltsverzeichnis. Lassen Sie sich dort von einem Thema berühren, das Ihnen für heute näher kommt. Vielleicht ist Ihre Wahl viel weniger zufällig als Sie meinen. Und nehmen Sie sich doch ein wenig Zeit – für sich und für Gott.

HP Wolfsberger

Mit lieben Grüßen aus Betberg (www.betberg.de)

# INHALT

# LANGSAM MACHEN

Wenn ein großes Schiff auf dem Meer zum Halten kommen will, braucht es einen Bremsweg von mehreren Kilometern. Wer in den vergangenen Monaten dieses Jahres viel unterwegs war, viel gearbeitet hat und bei wem die Wellen hoch gingen, der soll sich ein wenig Geduld schenken auf dem kommenden Weg in den Advent. Vor dem Stillwerden kommt das Verlangsamen. Und ins Verlangsamen kommt man nicht durch Denken, sondern durch Schritte. Machen Sie heute einen langsamen Spaziergang. Nehmen Sie für einige Handgriffe die „falsche" Hand. Machen Sie, so oft Sie daran denken, etwas in Zeitlupe, in slow motion. Hinterlegen Sie auf Ihrem Esstisch, im Büro, im Flur kleine Erinnerungshilfen, Zettelchen, auf denen steht – „langsam". So gut Sie können, versuchen Sie langsam zu sprechen, zu lesen, sich langsam zu bewegen …

## ZITAT

*Sie nahmen Bewegungen wahr, die für menschliche Augen zu allmählich waren: den Tanz der Wolken bei Windstille, das Herumschwenken des Turmschattens von West nach Ost, die Kopfbewegungen der Blumen nach der Sonne hin, sogar den Graswuchs.*
**Sten Nadolny**

Ergänzen Sie die Übungen durch eigene Beobachtungen.
Zum Beispiel das Wandern eines Regentropfens auf der Scheibe,
das Schmelzen einer Schneeflocke oder ähnliches …

# SEHNSUCHT SPÜREN

Advent rührt Sehnsucht an. Verschwommene Sehnsucht, vielleicht. Unsagbare. Untergründige. Das heißt: Der Grund für sie liegt tiefer als mir bewusst ist. Das oberflächliche Leben fragt nicht danach. Es ist mit sich selbst nicht mehr in Kontakt. Daher mag es kommen, dass wir andere Menschen viel mehr einschätzen nach dem, was sie leisten, bringen, bewirken können – als nach dem, was sie sind. Ich wurde kaum einmal gefragt: Wohin zieht es dich in deinem Leben? Was ist deine tiefste Sehnsucht? Das scheint kaum jemandem wichtig zu sein. Wie kommt das? Wer oder was hat uns diese Frage verstellt, unsichtbar gemacht?

NUN BITTEN WIR DEN HEILIGEN GEIST

UM DEN RECHTEN GLAUBEN ALLERMEIST,

DASS ER UNS BEHÜTE AN UNSERM ENDE,

WENN WIR HEIMFAHRN AUS DIESEM ELENDE.

KYRIELEIS.

Das Wort „Sehnsucht" kommt nicht von „Suchen", sondern von „Siechen". „Elend" in obiger Strophe, kommt von „eli - lenti" = im anderen Land, im fremden Land sein. In der Sehnsucht bündelt sich mitunter das tiefe Verlangen nach daheim.

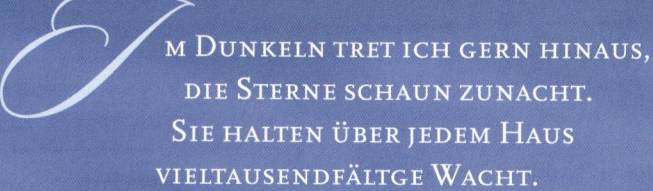

*I*M DUNKELN TRET ICH GERN HINAUS,
DIE STERNE SCHAUN ZUNACHT.
SIE HALTEN ÜBER JEDEM HAUS
VIELTAUSENDFÄLTGE WACHT.

VIELTAUSENDFALT DIE SCHÖNE SCHAR,
DIE GLEICHE JE UND JE.
UND FÜHRT MICH DURCH DAS RUNDE JAHR
WIE MEINE VÄTER EH.

DA SUCH ICH, DEN ICH NIE GESEHN,
DEN EINEN FÜR UND FÜR,
OB ER MIR WINKE, NACHZUGEHN
BIS VOR MARIEN TÜR.

**Rudolf Alexander Schröder**

## ◼ Eine kleine Übung für heute: Gebetsspaziergang

Ich gehe heute langsam und lasse mir viel Zeit. Ich versuche den Boden unter meinen Füßen zu spüren – spüren, nicht denken – und mache mir dabei Schritt um Schritt bewusst: Ich bin getragen. Ich gehe auf einer Erde, die mich trägt, die mich aushält, auf der ich sicher bin. Es ist Gottes Land, diese Erde: „Die Erde ist des Herrn und alles, was darinnen ist, der Erdkreis und alle die darauf wohnen."

Ich versuche zu erspüren, wo meine Gedanken hin wollen. Was „denkt in mir" vor allem? Wohin gehen meine Gefühle, meine Erinnerungen, meine Fragen? Was macht mir Sorgen – und warum? Ich habe schon viele Bewahrungen erlebt, jeder von uns hat das, was gibt mir Grund zu neuem Sorgen? Drückt mein Sorgen vielleicht etwas Tieferes und Anderes aus, etwas was „darunter" liegt, ein liegen gebliebenes Lebensthema vielleicht, ein Verletztsein, oder eben – eine Sehnsucht? „Was ist meine tiefste Sehnsucht?" – an dieser Frage will ich länger bleiben.

Vielleicht findet sich unterwegs eine ruhige Sitzgelegenheit, eine Bank oder ähnliches: Ich bleibe dort. Ich versuche ganz still zu werden, auch mit meinem Körper. Ich höre auf die Geräusche, die es gibt, auf das, was laut oder leise ist, ich werde offen für das Lebendige um mich herum, ich höre auch ein wenig in mich hinein – gibt es da auch „Geräusche"? Was für Botschaften kommen mir entgegen? Wer oder was redet da? Ist Gottes Reden auch dabei? „Gott, ich will hören, welche Sehnsucht du in mir weckst."

*Es ist zu empfehlen, nach der Rückkehr aufzuschreiben,*
*was sich auf dem Weg innerlich ereignet hat.*

# WARTEN

*Ihr sollt Menschen gleichen, die auf ihren Herrn warten.* **Lukas 12,36**

Warten, auch in diesem Bibelwort, ist mehr als Parousie-Erwartung (nach Matthäus 24,30). Warten hat mit dem Verweilen, dem Verharren, der Beschränkung des Blicks zu tun. Warten ist Ausschauen, Durchschauen der Vordergründigkeiten, Wahrnehmen von Gottes Anwesenheit in allem ... „Gott in allen Dingen suchen und finden" (Ignatius). Oder mit Tersteegen:

LUFT, DIE ALLES FÜLLET, DRIN WIR IMMER SCHWEBEN,
ALLER DINGE GRUND UND LEBEN.
MEER OHN' GRUND UND ENDE,  WUNDER ALLER WUNDER,
ICH SENK MICH IN DICH HINUNTER.
ICH IN DIR, DU IN MIR, LASS MICH GANZ VERSCHWINDEN,
DICH NUR SEHN UND FINDEN.

Vielleicht sagen Sie: Ich kann nicht mehr warten. Ich habe es verlernt. Ich werde immer ungeduldiger. Wollen Sie ein wenig probieren? Hier ein paar schlichte Übungen: Gehen Sie zu einigen kommenden Terminen eine halbe Stunde zu früh. Lassen Sie eine Straßenbahn bewusst aus und warten Sie auf die nächste. Stellen Sie sich ans Fenster, wenn es dunkelt, und warten Sie auf die Nacht. Schreiben Sie einen Text von Hand. Achten Sie auf Eindrücke und Gefühle und lassen Sie diese sich nicht verflüchtigen durch andere Geräusche. Bejahen Sie einen Stau. Lassen Sie jemand anderem freundlich Vortritt an der Ladenkasse. Wichtig ist bei dem allem: Interpretieren Sie Ihr Warten als Zugewinn, nicht als Verlust. Verkosten Sie den Augenblick, indem Sie ihn bejahen.

*Ihr sollt Menschen gleichen, die auf ihren Herrn warten.* **Lukas 12,36**

# STANDORT BESTIMMEN

Bruder Heinrich, ein Klostermönch, war 80 Jahre alt geworden. Er war bei allen Menschen beliebt. Sein freundliches, heiteres Wesen war so anziehend. Zu seinem Geburtstag kam eine Journalistin und fragte ihn nach seinem Leben – und wieso er so heiter und menschenfreundlich geworden sei. – Da erzählte der alte Bruder Heinrich, wie er einst ins Kloster eingetreten sei und gehofft habe, auch einmal ein so gelehrter Mann zu werden wie viele andere Mönche es sind. „Aber", sagte er, „leider habe ich die vielen gescheiten Bücher, die ich da zu lesen hatte, einfach nicht verstanden. So habe ich mich im Laufe der Zeit auf zwei Bücher beschränkt: Die Heilige Schrift und die Regel des Benedikt. Darin habe ich täglich gelesen und habe mir dazu stets zwei Fragen gestellt:

1. Wo stehe ich heute vor meinem Gott?
2. Wie kann ich ihm heute einen Schritt näher kommen?"

„Ach", sagte Bruder Heinrich dann zum Schluss, „Sie glauben gar nicht, wie spannend das ist, Gott jeden Tag einen Schritt näher zu kommen."

Man kann diese Geschichte abtun, indem man sie auf eine mögliche Werkgerechtigkeit hin abklopft. Aber man muss das nicht. Es stecken berechtigte Hinweise für längst fällige Lebensrevisionen in ihr. Man kann aus ihr auch dieses lesen:

Wer aufbrechen will, muss sich dafür ausrüsten. Der Weg verlangt eine vorausgehende Bestandsaufnahme. „Was brauche ich für unterwegs? Was habe ich? Wo bin ich jetzt?" – Es kann gut tun, sich Zeit zu nehmen für eine persönliche Standortbestimmung bevor wir weitergehen.

## ■ Ein paar kleine Übungen, das eigene Leben in den Blick zu nehmen

Unser Leben ist Spiegel unserer Orientierung oder Desorientierung. Deshalb folgender Vorschlag: Wir schauen je einen Monat lang (oder in einem anderen Rhythmus) in einen Teilabschnitt unseres Lebens.

## ■ Ich schaue dabei an:

▶ Meinen Umgang mit der Zeit (Januar)
▶ Meinen Umgang mit Dingen und der Schöpfung (Februar)
▶ Meinen Umgang mit Geld, Besitz, Wohnung (März)
▶ Meinen Umgang mit Arbeit und Pflichtgefühl (April)
▶ Meinen Umgang mit Fernsehen, Lektüre und Kunst (Mai)
▶ Meinen Umgang mit Menschen, denen ich täglich begegne (Juni)
▶ Meinen Umgang mit Freunden und Bekannten (Juli)
▶ Meinen Umgang mit der Not anderer (August)
▶ Meinen Umgang mit Gebet und Gottesdienst (September)
▶ Meinen Umgang mit Schwächen und Schuldgefühlen (Oktober)
▶ Meinen Umgang mit Ängsten (November)
▶ Meinen Umgang mit Eltern, Ehepartner, Kindern (Dezember)

## ■ Eine andere Möglichkeit ist, Worte der Heiligen Schrift als Spiegel unserer Orientierung zu nehmen

▶ Matthäus 6,21 „Wo dein Schatz ist, da ist dein Herz."
▶ Matthäus 6,24 „Man kann nicht zwei Herren dienen."
▶ Markus 8,35 „Wer sein Leben liebt, der wird es verlieren."
▶ Matthäus 16,15 „Ihr aber, für wen haltet ihr mich?"
▶ Matthäus 6,25 „Sorget nicht ängstlich ..."
▶ Jeremia 31,3 „Ich habe dich je und je geliebt, darum habe ich dich zu mir gezogen, aus lauter Güte."

## ■ FRAGEN SIE SICH:

▶ Was sagt mir das jeweilige Wort über meine Lebensorientierung?

▶ Welche Tipps zur Veränderung fallen mir sofort ein?

▶ Was will ich jetzt versuchen ... ?


## ■ SIE KÖNNEN AUCH EINE „LEBENS-ZEICHNUNG" PROBIEREN:

▶ Versuchen Sie, Ihr bisheriges Leben anzuschauen.

▶ Zeichnen Sie in einfachen Strichen das Auf und Ab (wie eine Bergkette im Hintergrund) seit Ihrer Geburt bis heute. Was ist aus Ihnen geworden seit damals?

▶ Wenn Ihnen dies leichter erscheint, dann zeichnen Sie Ihr Leben (oder ein Thema Ihres Lebens) wie eine Landkarte oder wie ein Wolkenbild.

▶ Zeichnen Sie Ihre Hoffnung, Ihre Not, Ihren Beruf, Familie – als je eine Wolke, die mit anderen Wolken in einer engeren oder weiteren Beziehung steht.

▶ Vielleicht haben Sie auch jemanden, mit dem Sie mal über diese Zeichnung sprechen wollen?

## ■ LEBENS-BRIEF

▶ Schreiben Sie einen sehr persönlichen Brief an Gott.

▶ Erzählen Sie ihm, wie Sie Ihr bisheriges Leben sehen.

▶ Halten Sie es ihm hin mit der Bitte, Ihnen seine Sicht zu erklären.

▶ Lassen Sie sich reichlich Zeit für diese Übung und lassen Sie Ihre Gefühle zu.

# STILLE ZEIT

D as Wort „still" kommt von „stellen, stehen".
Wer nicht auch mal stehen bleiben kann, kann nicht still werden.
Wer still hält, kann seine Unruhe nicht mehr herumtragen, sondern wird sie bei sich wahrnehmen.

Nur wer seiner Unruhe standhält, kommt zur Ruhe.

„Still" kommt auch von „stillen".

Seiner hungernden Seele etwas zu essen geben, das ist der Sinn stiller Tage.

Das ist für manche Menschen ein richtiges Abenteuer.

Kann ich still werden, kann ich Stille aushalten?

Ist ausgerechnet die Adventszeit als stille Zeit geeignet?

Seltsam: Im Wort „Advent" steckt auch das Wort Abenteuer.

Wer in diesen Tagen auf seine Seele achtet, kommt in ein Abenteuer.

Vielleicht brechen alte Gewissheiten auf?

Vielleicht werden Sicherheiten fragwürdig?

Vielleicht kriegt das Teflon über unserer Seele Risse?

Wer auf die leise Stimme Gottes hören will – und es nicht genug sein lassen will mit den gewohnten Abläufen – der muss still werden.

Zunächst äußerlich und dann innerlich.

Wer still wird, wird achtsam – zum Beispiel für eine verschüttete und unbeachtete Sehnsucht.

Und wer wieder seine Sehnsucht spürt, der fängt an, sein Herz auszustrecken nach Gott.

Advent ist uralte Zeit der Sehnsucht.

Augustin sagt, Sehnsucht sei die Grundbefindlichkeit des Menschen.

Sehnsucht wonach?

Warum ziehen uns in diesen Wochen Kerzen und Sterne so an, dass wir mit ihnen die Wohnung schmücken?

Ein Stern am Himmel ist ein Symbol für das Licht Gottes.

In aller irdischen Sehnsucht klingt eine letzte Sehnsucht nach Gott an.

Es ist so heilsam, sie wieder spüren zu können.

Denn das andere gibt es auch:

Wer seine Sehnsucht verdrängt, wird vor ungestilltem Sehnen süchtig.

Die Süchte wieder als Sehnsucht zu lesen, das wäre gesund.

Jeder von uns kennt innere Abhängigkeiten – fast immer liegt eine tiefere Sehnsucht darin.

Vielleicht ist es die Sehnsucht nach dem verlorenen Paradies?

Sehnsucht spüren und lesen ist gerade keine Weltflucht.

Sie gibt mir erst die rechte, versöhnte Stellung zur Welt, die Gottes Welt ist und er darin.

*Die Erde ist des Herrn und alles, was darin ist, der Erdkreis und alle, die darauf wohnen.*
(Psalm 24,1)

Die Sehnsucht überschreitet gleichzeitig die Welt.

Sie ist ein Zeichen dafür, dass diese Welt für uns zu klein ist.

Wir sind für Größeres bestimmt.

Deshalb soll diese Welt auch keine Macht über uns bekommen.

Auch nicht die Menschen.

Kein Mensch kann meine tiefste Sehnsucht stillen. Dann sollen wir das auch nicht voneinander erwarten.

Es ist gut, dieser leisen Stimme Gehör zu schenken, still zu werden, stehen zu bleiben, das Abenteuer zu spüren, das zu Gott weist und der Seele das zu gönnen, wonach sie sich zutiefst sehnt.

*Siehe, ich komme und will bei dir wohnen, spricht der Herr.*
**Sacharja 2,14**

# OBEN PLANEN LASSEN

*Und im sechsten Monat wurde der Engel Gabriel von Gott gesandt in eine Stadt in Galiläa, die heißt Nazareth, zu einer Jungfrau, die vertraut war einem Mann mit Namen Josef vom Hause David; und die Jungfrau hieß Maria.* Lukas 1,26-27

Im 6. Monat ein Engel.
Und was war im 5. Monat und davor?
Da wurde der Engel geplant.
Da hat der Engel sein Kommen vorbereitet.
Ohne dass jemand auf der Erde das wusste. Oder ahnte.
Geschweige denn spürte.

Weihnachten beginnt im Himmel.
Dort geschehen die eigentlichen Weihnachtsvorbereitungen.
Maria wusste nichts davon.
Josef auch nicht.
Wie sollten sie auch.
Josef stammte zwar aus der Erblinie Davids.
Dieser Linie war der kommende Gottesbote, der Messias, versprochen.
Aber das war ja schon lange her.
Wer wusste in der harten Realität des Lebens noch, ob das wörtlich zu nehmen war?
Wer denkt an so etwas mitten in der Arbeit?
Aber im Himmel wird geplant mit ihnen.
Mit dem Engel,
mit Maria, dem Mädchen,
mit Josef, dem Ahnungslosen.
Es wird geplant mit ihnen und für sie.

Klar, im Himmel hätte man auch anders planen können, zweifellos.
An Josef vorbei. Auch an Maria vorbei.
Es hätte vielleicht auch keine Jungfrau sein müssen.
Gott hat tausend Wege.
Aber Gott wollte Josef und seine junge Angetraute.
Einfach so. Einfach, weil er mit ihr wollte und weil er das schon lange vorhatte.

Im Himmel wird geplant, sehen wir. Wir sind nur einbezogen, Vorteilsnehmer,
Empfangende.
Nicht Verursacher.

■ *Fürs Weitergehen:*
WENN ICH DIES WUNDER FASSEN WILL,
SO STEHT MEIN GEIST VOR EHRFURCHT STILL;
ER BETET AN UND ER ERMISST,
DASS GOTTES LIEB UNENDLICH IST.
**C. F. Gellert**

■ EINE KLEINE ÜBUNG:
Sammeln Sie ein paar schöne Steine – oder andere geeignete Gegenstände. Wählen
Sie einen Platz in Ihrer Wohnung oder im Freien. Richten Sie das Drumherum schön
her (zum Beispiel mit Kerzen und Zweigen). Nehmen Sie sich Zeit. Legen Sie dann
die Gegenstände in die Mitte – jeden Stein als eine Erinnerung daran: Was hat einst
ganz dunkel ausgesehen – und dann hat Gott doch Gutes daraus gemacht? Was hat
Gott überhaupt alles an Gutem in meinem Leben bewirkt? Legen Sie die Rätsel Ihres
Lebens dazu, das, was Ihnen dunkel geblieben ist. Und kehren Sie an diese Denkstätte
mehrfach zurück.

# DU BIST BEI MIR

*Und der Engel kam zu ihr hinein und sagte: Sei gegrüßt, du Begnadete!*
Lukas 1,28

Luther übersetzte „Begnadete" einst mit „holdselig".
Die Frage ist nur: Was war an Maria holdselig?
Heißt das: Sie war hübsch?
Oder irgendwie lieblich?
Das wären reine Vermutungen.
Sie selbst hält sich für „niedrig" (Lukas 1,48).
Das heißt: nicht viel vorzuweisen.
Selbst in Herkunft und Abstammung ist Dunkles.
Die Väterweste ist auch nicht rein.
Warum dann „holdselig"?
Paulus schreibt später, wir seien „begnadet in dem Geliebten" (Epheser 1,6).
Das ist es wohl.
„Holdselig", weil begnadet.
Und Gnade kommt im Deutschen von „ge-nahen", das heißt: ganz, ganz nahe sein.
Gott ist Maria ganz, ganz nahe gekommen.
„Du Begnadete, der Herr ist mit dir."
Das macht's.

Uns nahe sein, das ist es. Seine Hauptabsicht. So ist er. Das will er. Das macht er auch.
Heute, den ganzen Tag.

■ *Fürs Weitergehen:*

DAS SCHREIB DIR IN DEIN HERZE, DU HOCH BETRÜBTES HEER,

BEI DENEN GRAM UND SCHMERZE

SICH HÄUFT JE MEHR UND MEHR.

SEID UNVERZAGT, IHR HABET

DIE HILFE VOR DER TÜR;

DER EURE HERZEN LABET

UND TRÖSTET STEHT ALLHIER.

**Paul Gerhardt**

■ EINE KLEINE ÜBUNG:

Ich vergewissere mich heute immer wieder der heilenden Gegenwart Gottes: Ein Zeichen, auf meine Hand gemalt, einen Strohstern, in den Türrahmen gehängt, einen auffallenden Gegenstand in meiner Hosentasche, einen Aufkleber am Bildschirm ... Und so oft ich kann, werde ich diesen je wiederentdeckten Gegenstand als Einladung verstehen, um drei Atemzüge lang Gott zu sagen: „Du bist bei mir. Danke."

# BESTIMMUNG

*Sie aber erschrak über die Rede und dachte: Welch ein Gruß ist das?*
Lukas 1,29

Es war damals keine gute Sitte, als Mann eine Frau überhaupt zu grüßen.
Und dann noch solch ein Gruß!
Maria ist durcheinander.
Worte und Gefühle wirbeln in ihr.
Was für ein Gruß? Was für eine Anrede? „Wie kommt der mir?"
Maria denkt. Aber sie kommt der Rede des Engels nicht nach.
Sie spürt nur Verwirrung, Verunsicherung, fühlt Unangemessenes.
Doch es bleibt dabei: Sie ist vom Engel gegrüßt.
Sie ist unbestreitbar „begnadet" genannt.
Es ist ihr zugesprochen, ohne wenn und aber: „Der Herr ist mit dir!"
Und sie muss lernen: Die Wahrheit einer Botschaft vom Himmel ist größer als das eigene Empfinden darüber.

## ▨ ZUM EINSAMMELN UND AUFSCHREIBEN:
Welche Wahrheit(en) der Heiligen Schrift – über mich – sind größer als mein Empfinden davon? Dazu können Sie auch den folgenden „Brief von Gott" lesen und unterstreichen, was Sie daran heute besonders berührt – zwei oder drei Aussagen vielleicht?

## Mein liebes Kind,

Du magst mich nicht kennen, aber ich weiß alles über dich (Psalm 139,1). Ich weiß, wann du sitzest und wann du aufstehst (Psalm 139,2). Ich bin mit allen deinen Wegen vertraut (Psalm 139,2).

Selbst die Haare auf deinem Kopf sind von mir alle gezählt (Matthäus 10,29-31). Denn du wurdest als mein Ebenbild erschaffen (1. Mose 1,27). In mir lebst du, bewegst du dich und existierst du. Du zählst zu meinen Nachkommen (Apostelgeschichte 17,28). Ich kannte dich, noch bevor du empfangen wurdest (Jeremia 1,4.5). Ich erwählte dich, als ich die Schöpfung plante (Epheser 1,11-12). Du warst kein Versehen. Denn alle deine Tage sind in meinem Buch geschrieben (Psalm 139,16). Ich bestimmte den genauen Zeitpunkt deiner Geburt und den Ort, an dem du leben würdest (Apostelgeschichte 17,26). Du bist erstaunlich und wunderbar erschaffen (Psalm 139,14). Ich habe dich im Leib deiner Mutter gestaltet (Psalm 139,13). Und ich brachte dich hervor am Tag deiner Geburt (Psalm 71,6). Diejenigen, die mich nicht kennen, haben ein falsches Bild von mir vermittelt (Johannes 8,41-44). Ich bin nicht fern und zornig, sondern Ausdruck vollkommener Liebe (1. Johannes 4,16). Und es ist mein Wunsch, dich mit meiner Liebe zu überschütten. Einfach, weil du mein Kind bist und ich dein Vater bin (1. Johannes 3,1). Ich habe dir mehr zu geben als jeder irdische Vater es je könnte (Matthäus 7,11). Denn ich bin der vollkommene Vater (Matthäus 5,48). Jede gute Gabe, die du empfängst, kommt aus meiner Hand (Jakobus 1,17). Denn ich bin dein Versorger und gebe dir alles, was du brauchst (Matthäus 6,31.33). Meine Pläne für deine Zukunft waren immer hoffnungsvoll (Jeremia 29,11). Denn ich habe dich immer schon geliebt (Jeremia 31,3). Meine Gedanken über dich sind so zahllos wie der Sand am Meer (Psalm 139,17.18). Und ich jauchze über dich vor Freude (Zefanja 3,17). Ich werde nie aufhören, dir Gutes zu tun (Jeremia 32,40). Denn du bist mein kostbares Eigentum (2. Mose 19,5). Von ganzem Herzen und mit ganzer Seele ist es mir eine Freude, dich fest zu gründen (Jeremia 32,41).

Ich möchte dir große und unfassbare Dinge zeigen (Jeremia 33,3). Wenn du mich von ganzem Herzen suchst, wirst du mich finden (5. Mose 4,29). Freue dich an mir, und ich werde dir geben, was dein Herz begehrt (Psalm 37,4). Denn ich bin es ja, der diese Sehnsucht in dir weckte (Philipper 2,13).Ich kann mehr für dich tun, als du dir überhaupt vorstellen kannst (Epheser 3,20). Ich bin der, der dich ermutigt (2. Thessalonicher 2,16.17). Ich bin auch der Vater, der dich in all deinen Nöten tröstet (2. Korinther 1,3.4). Wenn du niedergeschlagen bist, bin ich dir nahe (Psalm 34,19). Wie ein Hirte ein Lamm auf seinen Armen trägt, so trage ich dich an meinem Herzen (Jesaja 40,11). Eines Tages werde ich jede Träne von deinen Augen abwischen und ich werde jeden Schmerz wegnehmen, den du auf dieser Erde erlitten hast (Offenbarung 21,3-4). Ich bin dein Vater, und ich liebe dich wie meinen Sohn Jesus (Johannes 17,23). In Jesus offenbart sich meine Liebe zu dir (Johannes 17,26). Er ist der genaue Ausdruck meines Wesens (Hebräer 1,3). Er kam, um zu zeigen, dass ich für dich bin, nicht gegen dich (Römer 8,31). Und um dir zu sagen dass ich dir deine Sünden nicht anrechne. Jesus starb, damit du und ich versöhnt werden können (2. Korinther 5,18.19). Sein Tod war der höchste Ausdruck meiner Liebe zu dir (1. Johannes 4,10). Ich gab alles auf, was ich liebte, um deine Liebe zu gewinnen (Römer 8,31.32). Wenn du noch nicht mein Kind bist, nimm doch das Geschenk meines Sohnes Jesus an. Dann nimmst du nämlich mich an (1. Johannes 5,12). Und nichts wird dich je wieder von meiner Liebe trennen (Römer 8,38-39). Komm nach Hause, und ich werde das größte Fest feiern, das es im Himmel und auf Erden je gegeben hat (Lukas 15,7). Ich bin immer Vater gewesen und werde immer Vater sein (Epheser 3,14.15). Meine Frage lautet: Willst du mein Kind sein? (Johannes 1,12.13). Ich warte auf dich (Lukas 15,11-32).

**In Liebe, dein Vater, der im Himmel und um dich ist.**

# WEIHNACHTEN FÜR MATTHIAS

Auf Weihnachten hatte man ihn freigelassen. Matthias, den jungen Vorbestraften. Das Wort des Pfarrers, der sich nicht vorstellen mochte, dass Matthias neben dem Raub auch die Gewalttat begangen hatte, eröffnete ihm die mildere Strafe. Nun kam er auf Weihnachten heim. Aber was heißt heimkommen? Durfte er denn überhaupt noch? War er denn noch irgendwo willkommen? Im Pfarrhaus planten sie es so: An Heiligabend sollte er im Gottesdienst erscheinen. Die Predigt sollte vom Gott der Gnade handeln. Ihr Inhalt sollte sein, wie Gott einer Räuberbande von Menschheit seine Liebe zeigen wollte – durch die Hingabe seines Sohnes. Der Räuber ist Gott seinen Jesus wert.

Dann kam der Gottesdienst. Alles war schön. Die Kerzen, die Lieder, die festliche Stimmung. Alle Bänke stramm besetzt, außer einer. Direkt am Mittelgang saß Matthias. Ganz allein in der Reihe. Jetzt kamen noch zwei junge Leute. Sie waren froh, noch einen Platz zu finden. Doch als sie erkannten, neben wem sie saßen, standen sie wieder auf und quetschten sich in eine andere Bank, wo man sie verstehend aufnahm. Da erhob sich auch Matthias und ging weinend hinaus.

Das alles hatte der Pfarrer von vorne beobachtet. Nun konnte er es nicht mehr ertragen. Er stand auf und ging hinaus in die Sakristei. Dort schaltete er für den Kirchenraum die volle Beleuchtung an. Die Elektrokerzen am Christbaum löschte er aus. Und statt eines feierlichen Grußwortes erklärte er den Gottesdienstbesuchern seine persönliche Bestürzung. Und sagte, dass dies heute nun keine Feststunde mehr sei, sondern für Himmel und Erde eine Trauerstunde. Und dann stimmte er ein Karfreitagslied an.

Der Gottesdienst fand in dieser Nacht nicht mehr statt. Viele Leute waren empört über den Pfarrer. Den verzweifelten Matthias fand auch keiner mehr.

Aber am zweiten Weihnachtstag, da brachten sie ihn. Vier Oberrabauken hatten zuerst begriffen. Mit ihnen hatte der Pfarrer gar nicht gerechnet. Aber in der Nacht zuvor hatten sie verstanden. Gott macht kaputte Menschen heil. Und so böse kann kein Matthias der Welt sein, dass für ihn Gottes Gnade nicht mehr reicht.

Dann suchten sie Matthias. Er musste sich Mut antrinken, sonst hätte er es gar nicht gewagt. Und mit ihm kamen noch 30 Gottesdienstbesucher. Denen hatten die Oberrabauken die Einladung hinterbracht: Morgen ist Weihnachten für Leute, deren Leben wieder gut werden soll.

Wie seltsam sich das anhörte, als sie miteinander sangen: Welt ging verloren, Christ ist geboren ... So, als verstünden sie auf einmal.

# GNADE GEFUNDEN

*Und der Engel sprach zu ihr: Fürchte dich nicht, Maria, du hast Gnade bei Gott gefunden.*
**Lukas 1,30**

Das hat man allen sagen müssen: „Fürchte dich nicht": Hagar, Isaak, Jakob, dem Volk Israel, den Jüngern und Paulus. Man zählt dieses Wort in der Heiligen Schrift so oft wie das Jahr Tage hat. Die Begründung, weshalb sie furchtlos sein soll, ist für Maria diese: „Gnade gefunden".
Was heißt das?
Man hat aus Gnade vieles gemacht:
Gnade ist Bewahrung.
Gnade ist gute Tage sehen.
Gnade ist durchkommen.
Gnade ist Gesundheit, Glück und Liebe.
Natürlich: Gnade ist das alles.
Und ist doch viel mehr.
Denn wenn das alles fehlt, Gesundheit, Glück und solche Sachen,
dann ist Gnade immer noch Gnade.
Wo Gnade ist, ist Gott. Darum kann Gnade gegen Furcht stehen.

▧ KLEINE ÜBUNG: WIR SPRECHEN, SINGEN, BETEN UND LERNEN
(AM BESTEN GLEICH DAS GANZE LIED) AUSWENDIG:

Komm, o mein Heiland Jesu Christ,
meins Herzens Tür dir offen ist.
Ach zieh mit deiner Gnade ein;
dein Freundlichkeit auch uns erschein.
Dein Heilger Geist uns führ und leit
den Weg zur ewgen Seligkeit.
Dem Namen dein, o Herr,
sei ewig Preis und Ehr.

# EUCH IST HEUTE DER HEILAND GEBOREN

Es war in Russland, im kommunistischen Osten. Dort, wo man staatlicherseits hoffte, dem Gottglauben den Rest geben zu können. Notfalls, oder gar nicht nur notfalls – mit Gewalt. Besonders an Weihnachten passte die Polizei gut auf, denn es war bekannt: In dieser Zeit verbanden sich alte Sitte und kindlicher Glaube besonders leicht und eng. Jedenfalls waren alle Christnachtsfeiern bei Strafe verboten. Am Heiligen Abend durchsuchten berittene Patrouillen die Dörfer, um die Menschen womöglich beim heimlichen Weihnachtsfest zu erwischen.

Auch ins Dorf K. drangen Reiter ein. Sie stürmten zuerst in die Kirche. Aber sie war leer. Zornig zerstörten die Männer, was ihnen unter die Hände kam. Dann begannen sie eine Hausdurchsuchung. Aber auch die Häuser waren leer. Endlich sah einer von ihnen einen kleinen Lichtschein. In einer Scheune. Und tatsächlich, das ganze Dorf war dort versammelt. Wie Furien sprengten die Soldaten hinein. Rücksichtslos trieben sie die Schweigenden zur Seite. Roh stießen sie mit Gewehrkolben ins Heu, hinter Vorhänge, unter Kisten und Bänke. Aber nirgends ein Kreuz. Nirgends eine Bibel. Nirgends ein Abendmahlskelch. Noch nicht mal ein Geistlicher war da.

Wütend forderte der Anführer Rechenschaft über diese Dorfversammlung. Aber trotz brutaler Übergriffe war keinem der Anwesenden ein Bekenntnis zu entlocken. Da sammelte der Kommandant seine Männer zu böser Planung. Die Menschen, Alte und Junge, ahnten und spürten das Dunkle.

In diesem Augenblick furchtbarer Stille trat ein altes Mütterchen in den Kreis. Hoch in den Achtzigern, gebeugt, gefurcht, grau. Langsam ging sie zu den Soldaten hinüber. Dort verbeugte sie sich tief und würdevoll vor dem Anführer. Dieser senkte seine Pistole, ein paar seiner Untergebenen traten, wie von höherer Gewalt bewegt, zurück. Und dann hörten alle in der Scheune ihre leise Stimme. Die Frau erhob die Hand, segnete alle mit dem Zeichen des Kreuzes und sagte: „Geliebte, uns ist heute der Heiland geboren." Im Raum war es totenstill. Der Kommandant war wie gelähmt.

Dann sagte das Mütterchen zu den Soldaten: „Geht heim zu eurer Mutter, Geliebte, geht heim. Denn auch euch, ihr Lieben, auch euch ist heute der Heiland geboren." Die harten Männer standen wie erstarrt. Manche hatten ihr Kinn trotzig zur Brust gesenkt, um ihre Ergriffenheit zu verbergen. Sekundenlang dauerte das Schweigen. Da bewegten sich die Lippen ihres Befehlshabers, und er flüsterte, nur der Alten vernehmlich: „Mutter, Mutter." Dann gab er einen Schuss ab ins Gebälk der Scheune und trieb mit wüstem Geschrei, um seine Erschütterung nicht zu zeigen, seine Männer hinaus.

„Geliebte, euch ist heute der Heiland geboren." So sagt man Weihnachten.

# Nix-Blicker

*Siehe, du wirst schwanger werden und einen Sohn gebären, und du sollst ihm den Namen Jesus geben. Da sprach Maria zu dem Engel: Wie soll das zugehen, da ich doch von keinem Mann weiß? Der Engel antwortete und sprach zu ihr: Der heilige Geist wird über dich kommen, und die Kraft des Höchsten wird dich überschatten; darum wird auch das Heilige, das geboren wird, Gottes Sohn genannt werden.* **Lukas 1,31.34-35**

Wir haben schon manches angeschaut in diesen Adventstagen aus Lukas 1, der Adventsgeschichte.

Und wir haben gesehen und vielleicht ein wenig gestaunt darüber: Weihnachten beginnt im Himmel.

Als Maria und Josef noch gar nichts ahnen, da wird im Himmel schon geplant mit ihnen.

Und dann kommt der Engel und jagt Maria einen Riesen-Schrecken ein.

Er sagt lauter unverständliche Sachen, die in kein Schema passen:

Sie sei eine Holdselige, sagt er zu dem 14-jährigen Mädchen,

sie sei eine Begnadete ...

Und wir haben gelernt: Wenn Gott einem Menschen nahe kommt, dann wird er ein Begnadeter.

Und wir halten fest:

Die Wahrheit eines solchen Satzes, wenn der Himmel ihn spricht, ist größer als unser Empfinden davon.

„Wenn ich gleich gar nichts fühle von deiner Macht ..." (Julie Hausmann)

Und dann haben wir gezählt, wie oft in der Bibel gesagt wird „Fürchte dich nicht!" – und wir sind darauf gekommen: 365 Mal.

Das muss uns anscheinend oft gesagt werden.

„Fürchte dich nicht, Maria, denn du hast Gnade bei Gott gefunden." –
Und wann hat sie Gnade gesucht?
Vielleicht ist die Gnade einfach so gekommen.
Einfach, weil Gott so viel davon hat.
Und auf welche Weise ist sie für Maria gekommen?
„Du wirst schwanger werden und einen Sohn gebären."
Nun, schwanger werden ist eine gute Nachricht für eine Frau.
Besonders für eine jüdische Frau.
Aber alles, natürlich, in guter Ordnung.
In guter Ehe-Ordnung.
Nicht ohne Ehe-Ordnung.
Nicht daneben.
Nicht außerhalb.
Doch nicht in ungutem Schein?
Doch nicht in der Nähe von Mutmaßungen, Verdacht und Gerücht?

Maria kann nur verschüchtert fragen (Vers 34): „Wie soll das zugehen?"

Da kommt etwas auf sie zu, das nicht zu verstehen ist.
Nichts ist da zu verstehen.
Und das wird sich wiederholen in ihrem Leben.
Maria wird noch öfter nichts mehr verstehen.
Später, wenn Simeon den Bub auf dem Arm hält ...
Später, wenn ihr Zwölfjähriger tagelang im Tempel bleibt ...
Später, wenn die Leute so gegen ihren Sohn sind ...

Und hier auch, hier versteht sie auch nichts:
Ist das vielleicht Gnade, wenn man unordentlich schwanger wird?
Wenn man vor tausend Menschen ins Zwielicht gerät?

Aber Gott setzt auf Empfangende, nicht auf Verstehende.
Dem Satz sollten wir heute nachhängen. Ganz lange:
Gott setzt auf Empfangende, nicht auf Verstehende.

# DURCH-BLICKER

*Der heilige Geist wird über dich kommen, und die Kraft des Höchsten ...* **Lukas 1,35**

Auf einmal war sie verschwunden. Wochen sah ihre Gemeinde sie nicht wieder. Fast wollte man sie darüber vergessen. Sie war ja auch vorher sehr still gewesen, zurückhaltend, fast unsichtbar. Dann begegnete ihr Pfarrer ihr im Krankenhaus. Sie war ganz schwach. Die Hände hingen am Rollstuhl herab wie Lappen. Den Kopf konnte sie nur mit einer Manschette halten. Der Pfarrer musste sich tief bücken, um ihre Augen zu finden. Dann freute sie sich, als sie ihn erkannte. „Wissen Sie", sagte sie, „ich kann jetzt nicht mehr in die Gemeinde kommen. Sie sehen ja ..." Und mit den Augen winkte sie auf ihre Gebrechlichkeit. „Aber ich habe nun hier im Haus viel zu tun. Ich lasse mich jeden Tag über den Flur in die anderen Zimmer fahren", sagte sie. „Es ist so viel Elend hier. Und man muss den Menschen doch sagen, dass der, der Jesus hat, immer viel zu danken hat."

53

■ **E**INE KLEINE **Ü**BUNG, WENN **S**IE HEUTE WOLLEN:

▶ Wir lesen langsam und wiederholt Lukas 1,31.34ff., Römer 4,18-25 und Johannes 11,3-6.40.

▶ Unter der Überschrift „Mein Gott, ich verstehe dich nicht, aber ich glaube dir" schreiben wir einige ehrliche Gegenüber-Sätze aus dem eigenen Leben. Zum Beispiel so: „Mein Gott, ich verstehe nicht, dass du nicht eingeschritten bist bei ... – aber ich vertraue dir."

WIR KÖNNEN SPRECHEN UND SINGEN :

SEHET DIES WUNDER, WIE TIEF SICH DER HÖCHSTE HIER BEUGET;

SEHET DIE LIEBE, DIE ENDLICH ALS LIEBE SICH ZEIGET!

GOTT WIRD EIN KIND, TRÄGET UND HEBET DIE SÜND;

ALLES ANBETET UND SCHWEIGET.

GOTT IST IM FLEISCHE: WER KANN DIES GEHEIMNIS VERSTEHEN?

HIER IST DIE PFORTE DES LEBENS NUN OFFEN ZU SEHEN.

GEHET HINEIN, EINS MIT DEM KINDE ZU SEIN,

DIE IHR ZUM VATER WOLLT GEHEN.

**Gerhard Tersteegen**

# DABEI BLEIBEN

*Denn bei Gott ist kein Ding unmöglich. Maria aber sprach: Siehe, ich bin des Herrn Magd;*
*mir geschehe, wie du gesagt hast. Und der Engel schied von ihr.*   **Lukas 1,37-38**

W as hat der Engel zurück gelassen, als er Maria verlassen hat?
Wie hat er Maria zurück gelassen?
Sie hat gesagt fiat mihi = „Es soll mir so geschehen, wie du es gesagt hast".
Mit anderen Worten: „Also gut, ich mache mit, wie du es gesagt hast."
Das war ein sehr bereitwilliges Wort.
Doch wie's da drinnen aussieht, bei ihr ...?

*Diese heilige Jungfrau kann nicht zu Ehren kommen, wenn sie nicht vorher ist zuschanden*
*geworden.* **Martin Luther**

Ach, so ist das?
Lebensgewinn in Not?
Zusatzgewinn durch (Quasi-) Scheitern?

Jesus wird nach dem öffentlichen Recht ein Sohn Josefs sein.
Der jüdische Sohn heißt nach seinem Vater.
Die Kritiker im Hintergrund aber nannten ihn „Marias Sohn" (Markus 6,3).
Das ist entehrend.
Späteres Schrifttum nennt ihn „Bastard von einem Eheweib".
Und Celsus behauptete in seiner Streitschrift gegen die Christen gar, den römischen
Legionär mit Namen zu kennen, der für die Schande Marias verantwortlich gewesen sei.

Hat Maria zu alledem gesagt: „Fiat mihi, einverstanden, so soll es sein"?
Ob sie gewusst hat, was da kommen wird?
Ob sie das alles hat überblicken können?
Kaum.

*Aber sie schließt die Augen zu, vertrauet Gott, diese Dinge allesamt zu vollbringen (zu einem guten Ende zu bringen), obwohl die Vernunft und alle Kreaturen dagegen sind.*
**Martin Luther**

Sie hat nicht einmal Josef etwas zu erklären versucht, so weit wir wissen.
Dem musste der Engel selber helfen.
Maria aber vertraute.
Sie war im empfangenden Vertrauen und weigerte sich einfach, davon abzuweichen.

## ■ EINE KLEINE ÜBUNG:

▶ Lesen: Lukas 1,35-48
▶ Schreiben: Dinge – innere Vorgänge, Empfindungen, die ich niemandem
  erklären kann. Ich formuliere Vertrauenssätze dazu!
▶ Wir lernen heute das Gedicht „Getroste Verzweiflung" von Arno Pötzsch auswendig.

# Getroste Verzweiflung

Um Tod und Leben, Welt und Gott
kreist allzeit all mein Sinnen,
doch konnt' ich mir trotz vieler Not
die Antwort nicht gewinnen.

Und was ich fragte, einst als Kind,
es blieb das gleiche Fragen,
und immer wieder muss ich blind
das dunkle Leben wagen.

Und was ich je zuletzt erkannt,
war kein vernünftig Wissen,
ich sah nur eines Abgrunds Rand,
an dem wir glauben müssen,

und rief in tiefer Qual und Not
das heilige Wort der Alten;
ich schrie verzweifelt: Gott, mein Gott!
und fiel und ward gehalten.

**Arno Pötzsch**

# NACH - SEHEN

*Maria aber machte sich auf in diesen Tagen und ging eilends in das Gebirge zu einer Stadt in Juda und kam in das Haus des Zacharias und begrüßte Elisabeth.* **Lukas 1,39-40**

Maria geht zu Elisabeth, ihrer Verwandten.
Von ihr hat der Engel auch gesprochen.
Sie ist betagt, aber doch noch schwanger geworden.
„Denn bei Gott ist kein Ding unmöglich." Lukas 1,37
Dann hat der Engel noch „siehe" gesagt.
Also geht Maria sehen.
Sehen, was Gott kann.
Sehen, was Gott kann: Wann bin ich zum letzten Mal danach sehen gegangen?

## WIR SPRECHEN UND SINGEN, BIS ES UNSERE SEELE MITSUMMT:

Mein Auge schauet, was Gott gebauet:
zu seinen Ehren und uns zu lehren,
wie sein Vermögen sei mächtig und groß
und wo die Frommen dann sollen hinkommen,
wann sie mit Frieden von hinnen geschieden
aus dieser Erden vergänglichem Schoß.

Lasset uns singen, dem Schöpfer bringen
Güter und Gaben; was wir nur haben,
alles sei Gotte zum Opfer gesetzt!
Die besten Güter sind unsre Gemüter;
dankbare Lieder sind Weihrauch und Widder,
an welchen er sich am meisten ergötzt.

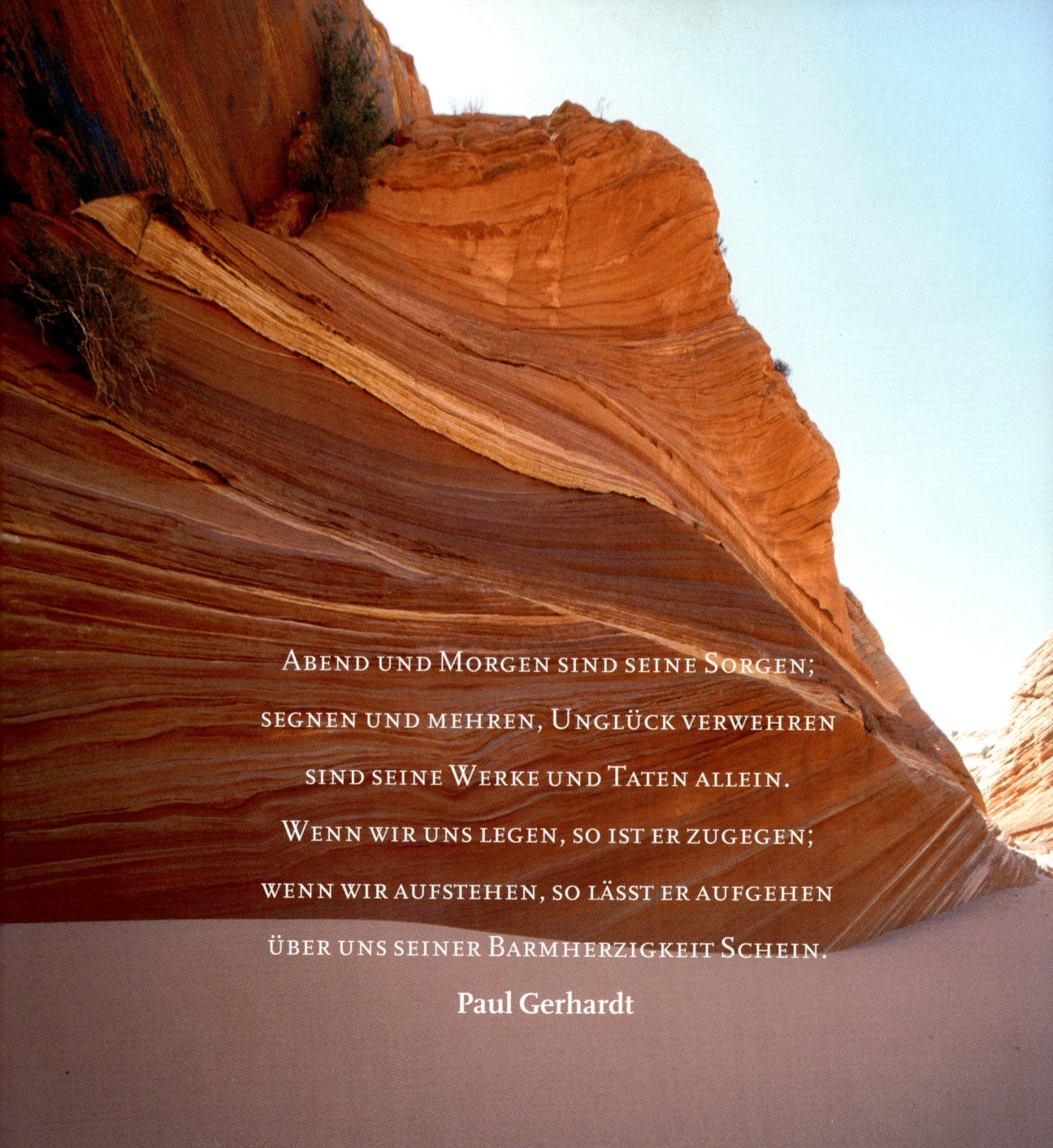

ABEND UND MORGEN SIND SEINE SORGEN;

SEGNEN UND MEHREN, UNGLÜCK VERWEHREN

SIND SEINE WERKE UND TATEN ALLEIN.

WENN WIR UNS LEGEN, SO IST ER ZUGEGEN;

WENN WIR AUFSTEHEN, SO LÄSST ER AUFGEHEN

ÜBER UNS SEINER BARMHERZIGKEIT SCHEIN.

**Paul Gerhardt**

## ■ KLEINE ÜBUNG:

► Wir schreiben von Hand ab: Lukas 1,5-25, Matthäus 8,8b
► Wir schreiben auf: Was von dem, was ich sehe, erlebe, mitkriege,
führe ich auf Gott zurück?

## ■ EIN VÄTER-TEXT:

Alle Freude hat ihren Ursprung in der einzigen großen Tatsache: Euch ist heute
der Heiland geboren. Dass für alle meine Ängste, für die Angst, die mir die Welt bereitet
und für die, die ich mir selbst gemacht habe, für alle meine Fragen, welche die Zeit
mir aufgelegt und welche mein eigenes Unrecht mir erweckt, eine Lösung gekommen
ist, welche Erlösung heißt; dass mir ein Heiland geboren ist, der mich ganz verstehen
will, der sich nicht von mir wendet, wenn Menschen von mir scheiden, der meiner
nicht überdrüssig wird, sogar wenn ich mir selbst überdrüssig sein muss, das ist die
große selige Botschaft, das ist der Quell der Freude.

Kennst du die Stunden, wo du vor dir selbst fliehen möchtest? Weißt du, was es
heißt, nicht anders werden zu können und immer wieder unter sich selber leiden?
Hast du die schlaflosen Stunden durchlitten, weil du die Menschen, die du am Tage
beleidigt hast, heran rufen und sie um Verzeihung bitten möchtest, und es ist doch
nicht möglich? Kennst du das, wenn vergangene Sünden wieder aufstehen und
vernarbte Wunden wieder aufbrechen und die Erinnerung mit furchtbar peinlicher
Gewalt bei dir einkehrt? Hast du erfahren, was es heißt, seine ganze Vergangenheit
mit sich tragen müssen, und man sollte doch für die Gegenwart reif sein und für die
Zukunft wirken?... Oh, dann höre heute den Freudenquell rauschen, wie er aus Gottes
ewigem Erbarmen entspringt und entquillt: Dir ist ein Heiland geboren. Wenn ich
an mir selber ganz zunichte bin, wenn mich meine Nächsten nicht mehr verstehen
mögen und ich ihnen zur Last werde mit meinen Klagen und Sorgen, wenn meine
ganze Umgebung sich von mir wendet, weil sie mich für unwert und untüchtig hält,
„dann bist du mein Heil kommen und hast mich froh gemacht". Er ist der Einzige,
der durch die langen Jahre meines Lebens immer wieder zu mir gekommen ist; er ist
der Einzige, der in aller Zerrissenheit meines Herzens immer wieder sein gnaden-
reiches Evangelium gepredigt hat, der Einzige, der noch für mich hoffte, wenn
Menschen längst an mir verzweifelten.

**Hermann Bezzel**

# DAS RICHTIGE
## GROSS MACHEN

*Und Maria sprach: Meine Seele erhebt den Herrn, und mein Geist freut sich Gottes, meines Heilandes.*  **Lukas 1,46-47**

Man nennt diesen Abschnitt das „Magnifikat".
Von magnificare, das heißt „groß machen".
Maria „macht" Gott groß, sie „erhebt" ihn.
Eine schöne und große Absicht.
Luther hat das Magnifikat gerne in der Liturgie gesehen: „Es ist auch nit ein unbilliger Brauch, dass in allen Kirchen dies Lied täglich in der Vesper gesungen wird."

Wozu Gott groß machen?
„Mein Geist freut sich Gottes", weiß Maria, das kommt dabei heraus.
Gott groß machen hat Folgen.
Mit ihrer Seele,
mit ihrem Wahrnehmungsvermögen,
mit der ganzen Weite ihres Fühlens und Denkens,
mit der Sprache ihres Körpers und der Vernunft,
mit allem, was leibt und lebt in ihr,
macht sie Gott groß.
Sagt sich, sagt sich vor, sagt es anderen: wer Gott ist, was Gott kann.
Nicht von ungefähr führt dies zu ausgesprochenen Worten,
nicht nur zu gedachten,
zu einem Lied und zu einer stillen Freude.
Maria füllt ihre hungrige Seele mit dem Anschauen Gottes.
„Ich will satt werden an deinem Bilde."
Das hilft Seele und Geist.

■ SPRECHEN UND SINGEN:

DIES IST DIE NACHT, DA MIR ERSCHIENEN
DES GROSSEN GOTTES FREUNDLICHKEIT;
DAS KIND, DEM ALLE ENGEL DIENEN,
BRINGT LICHT IN MEINE DUNKELHEIT,
UND DIESES WELT- UND HIMMELSLICHT
WEICHT HUNDERTTAUSEND SONNEN NICHT.

LASS DICH ERLEUCHTEN, MEINE SEELE,
VERSÄUME NICHT DEN GNADENSCHEIN;
DER GLANZ IN DIESER KLEINEN HÖHLE
STRECKT SICH IN ALLE WELT HINEIN;
ER TREIBET WEG DER HÖLLEN MACHT,
DER SÜNDEN UND DES KREUZES NACHT.

**Kaspar Friedrich Nachtenhöfer**

■ EINE KLEINE ÜBUNG:

Wenn Sie können und wollen, dann tragen Sie heute in Ihrem Tagebuch ein wenig zusammen, wie Gott ist. Lesen Sie Lukas 12 und Matthäus 1,18-25 und fragen Sie: Wie ist Gott? Was tut er?

# DIES IST DIE NACHT,
## DA MIR ERSCHIENEN

Kaspar Friedrich Nachtenhöfer war Kriegskind. 1624 in Halle geboren, hörte er seine ganze Jugendzeit kein Wort so oft wie das Wort „Krieg". Und als endlich in Münster und Osnabrück Frieden geschlossen wurde, da war das ganze Land innerlich und äußerlich zerstört. Da zog ins kleine Dorf Meeder ein junger Pfarrer ein. Wissend, dass die Menschen Essen, Trinken und ein Dach über dem Kopf wichtiger nehmen mussten als kirchliche Dinge, begann er seine Arbeit der Einladung zum Glauben, zur Hoffnung und zur Liebe untereinander.

Wie froh war er, dass er eine liebe Frau fand, die ihm half. Mit dem Rückhalt seiner Gattin und zwei Kindern vermehrte sich sein Einsatz für die Dörfler noch. Und diese liebten ihn. Da musste er unversehens an eine Totenbahre treten. Bei der Geburt des dritten Kindes war seine Frau jäh verstorben und das Neugeborene mit ihr. Und so stand Kaspar Nachtenhöfer auf einmal wieder allein im Pfarrhaus. Bei sich die beiden Kleinen mit fragenden und entsetzten Augen ob dem Unfasslichen.

Wie sollte nun alles werden? Tapfer versuchte die kleine Familie sich ins Unabänderliche zu schicken. Der junge Geistliche wusste auch, welches Vorbild seine Gemeinde von ihm erwartete, auch im Leid. Aber wie sollte es weitergehen? Nachtenhöfer wollte sich nicht mehr verheiraten, obgleich er erst 35 Jahre alt war. Seine Gemeindeglieder aber dachten anders. Haus, Landwirtschaft, die kleinen Kinder, die Gemeinde, das braucht eine Frau an seiner Seite. Und so besorgten sie ihm eine Frau und sie war ein Geschenk für ihn, sieben Jahre lang. Dann stand er wieder am offenen Grab: Auch Maria Elisabeth war verstorben. Er beerdigte sie, er sprach von Gottes Güte in allem, dann konnte er nicht mehr. Anteilnehmende Hände wies er ab. Er stürmte heim und schloss sich im Amtszimmer ein. Und verschlossen wurde sein Wesen ab jetzt, mehr und mehr. Er zweifelte nicht an Gott, das nicht. Aber er zweifelte an Gottes Liebe. Und das lähmte ihn zutiefst und in allem. So ging es auf Weihnachten zu. Und mit Stöhnen dachte Kaspar Nachtenhöfer an die Predigt, die an Heiligabend vor ihm lag: „So sehr hat Gott die Welt geliebt, dass er seinen einzigen Sohn hergab ..."

Und da ist es geschehen. In der Nacht vor Heiligabend des Jahres 1684. Was kein Mensch erklären kann. Was niemand machen kann. Was nur die wissen, denen es ähnlich ergangen ist. In dieser Nacht machte das alte Bibelwort aus einem Menschen einen Ergriffenen. Und was es heißt, dass Gott diese alte, böse Welt liebte, das leuchtete ihm auf einmal ein. Und das Beweisstück dazu „... so sehr, dass er seinen einzigen Sohn gab". In der Christnacht spürten die Meeder, dass mit ihrem Pfarrer etwas geschehen war. Eine Glut brannte in ihm, die hatte er nicht selbst angezündet. Das war ein anderes Licht, das da leuchtete. Das hatte mit dem liebenden Gott zu tun. Und so entstand in jener Weihnachtszeit das einzige Lied, das wir von K. F. Nachtenhöfer im Gesangbuch haben: „Dies ist die Nacht, da mir erschienen ..."

# ANSTECKEN LASSEN

*... und mein Geist freut sich Gottes, meines Heilandes.*
**Lukas 1,47**

Martin Luther sagt zum „Magnifikat":

Der Geist ist es, der die unbegreiflichen Dinge durch den Glauben erfasst. Darum nennt Maria Gott ihren Heiland, obwohl sie das doch noch nicht sah ... Damit lehrt sie uns, wie wir Gott allein und richtig lieben und loben sollen, und ja nichts, was unser ist, an ihm suchen. Der aber liebt und lobt Gott recht, der ihn nur darum lobt, weil er gut ist, und der nichts anderes als seine Gütigkeit ansieht und nur in ihr seine Lust und Freude hat. Das ist eine hohe, reine und liebliche Weise, zu lieben und zu loben, eine Weise, wie sie einem solch hohen Gast wohl ansteht. Und diese Weise hat diese Jungfrau. Unreine und verkehrte Liebhaber Gottes aber sind die, die nur darauf achten, in welchem Maße Gott seine Güte ihnen fühlbar zeigt und ihnen wohl tut. Sie singen und loben Gott, solange dieses Fühlen anhält. Wenn Gott sich aber einmal verbirgt, so ist es aus mit ihrem Lieben und Loben. Damit beweisen sie, dass nicht ihr Geist in Gott, dem Heiland, sich erfreut hat. Es ist kein rechtes Lieben und Loben der Güte Gottes gewesen, sondern nur der Gaben Gottes.

## ◾ Zum langsamen Sprechen:

Sehet dies Wunder, wie tief sich der Höchste hier beuget;
sehet die Liebe, die endlich als Liebe sich zeiget!
Gott wird ein Kind, träget und hebet die Sünd;
alles anbetet und schweiget.

Gott ist im Fleische: Wer kann dies Geheimnis verstehen?
Hier ist die Pforte des Lebens nun offen zu sehen.
Gehet hinein, eins mit dem Kinde zu sein,
die ihr zum Vater wollt gehen.

**Gerhard Tersteegen**

## ◾ Zeit nehmen:

▶ „Lobt ihn für alles, was er ist und tut, der Herr ist gut." Wie haben Sie das in den Jahren erlebt? Was leuchtet Ihnen ein? Was ist sagenswert über Gottes Güte in Ihrem Leben?

▶ Wir probieren ein Psalm-Beten. Etwa mit Psalm 103 oder mit Psalm 95. – Wir lesen Satz für Satz und bedenken ihn, nehmen ihn persönlich zur Mitte unseres Herzens und sprechen mit Gott darüber: „Ja, Vater, das hast du bei mir auch gemacht, was hier steht ... Darum will ich dich auch bitten, wie der Psalm es hier tut ... Dafür will ich dich auch und von Herzen loben, wie der Verfasser es hier schreibt ..." – Und so weiter.

# In Gottes Augenblick

*Denn er hat die Niedrigkeit seiner Magd angesehen.*   **Lukas 1,48**

M an hat vermutet, Maria wolle mit diesen Worten ihre Demut
beschreiben.
Sie wolle sagen, wie ach so niedrig sie sei.
Aber: Was wäre das für eine Demut, die sich selbst beschreibt?
Nein, die Betonung im Satz liegt auf „angesehen".
Nicht die Niedrigkeit wird unterstrichen, sondern dass Gott das Niedrige ansieht.

*Grade wie wenn ein Fürst einem armen Bettler die Hand reicht, so ist nicht des Bettlers
Niedrigkeit, sondern des Fürsten Gnade und Güte zu preisen.*
**Martin Luther**

*So ist er, unser Gott.*
*Er sieht hin.*
*Was niedrig ist, arm, zerschlagen, schwach und aufgerieben, das hat Gottes Augenmerk.*
*Das ist in seinem Augenblick.*
*Und braucht es auch.*
*Und bekommt es auch.*
*Darum sagen wir einander so zuversichtlich: Der Herr segne dich und behüte dich. Der Herr
lasse sein Angesicht leuchten über dir und sei dir gnädig. Der Herr erhebe sein Angesicht auf
dich und gebe dir Frieden.*

*Gottes Augen sehen nur in die Tiefe, nicht in die Höhe (Psalm 138,6; 113,5-6). Denn weil er
der Allerhöchste und nichts über ihm ist, kann er nicht über sich sehen, kann auch nicht
neben sich sehen, weil ihm niemand gleich ist. So muss er notwendig in sich selbst und unter
sich sehen. Und je tiefer jemand unter ihm ist, desto besser sieht er ihn.*
**Martin Luther**

■ Ich kann sprechen – immer wieder:

Sei mir willkommen, edler Gast!
Den Sünder nicht verschmähet hast
und kommst ins Elend her zu mir:
wie soll ich immer danken dir?

**Martin Luther**

■ Ein Väter-Text:

Jesus heißt zu Deutsch Seligmacher, Heilsmann. Einen Seligmacher nennt der Vater im Himmel diesen seinen Sohn und macht ihn zu unserem Bruder, damit er uns sage: Wir sollen selig werden. Es ist unter den Menschen das zu allen Zeiten die größte Dunkelheit gewesen, dass sie das Licht ihres Lebens verloren haben und nicht hinaussehen können in ihre Zukunft als eine Lebensvolle. Ja, es ist die Qual der Menschen aller Zeiten gewesen, nichts Gewisses zu wissen, was mit ihnen einmal werden soll. Indem das geborene Kind vom Vater im Himmel Jesus genannt wird, soll jeder Mensch wissen, wessen er sich zu versehen hat bezüglich seines Lebens: Selig werden sollst du. Und wenn du jetzt ein rechter Mensch sein willst, so bist du es nur, wenn du vom Namen Jesus abliesest, dass der Vater im Himmel es auf deine und aller Menschen Seligkeit abgesehen hat. In dem Namen Jesus, des Heilands, will der Vater im Himmel die Menschen in Sicherheit bringen bezüglich ihrer Seligkeit; und der Name Jesus predigt nicht nur die Seligkeit, er schafft sie auch.

**Johann Christoph Blumhardt der Ältere**

# GROSSE DINGE

*Denn er hat große Dinge an mir getan, der da mächtig ist und dessen Name heilig ist.*
**Lukas 1,49**

Es ist alles groß, was Gott an mir getan hat.
Denkt Maria.
Und was hat Gott an Großem getan?

Den heiligen Geist gegeben, einen starken Glauben und dass sie die wahre, leibliche Mutter Christi ist ... Und dennoch lässt er sie im Elend, gibt ihr keine Ketten um den Hals und keine Gulden ins Bett. Er bleibt Bettler mit ihr. Aber wenn sie denkt: Ich bin Gottes Mutter und Gottes Sohn ist mein, das macht, dass die Armut nicht weh tut. Martin Luther

Dass dies jedermann einleuchten muss, steht nicht geschrieben.
Dem Anbetenden wird es einleuchtend.
Wie betet man an?

Luther sagt, wenn einer Gottes „göttliche Taten tief im Herzen wohl bedenkt und sie mit Verwunderung und Dank ansieht, da fährt es ihm vor Inbrunst heraus und er seufzt mehr als er redet; da brechen die Worte von selbst im Flusse hervor, nicht ausgedacht und wohlgesetzt, so dass gleichsam der Geist mit heraussprudelt und die Worte Leben, Hände und Füße haben, ja, dass zugleich der ganze Leib und alles Leben und alle Glieder gerne reden wollten".

■ Vielleicht mögen Sie langsam sprechen:

Was hast du unterlassen zu meinem Trost und Freud,
als Leib und Seele sassen in ihrem grössten Leid?
Als mir das Reich genommen, da Fried und Freude lacht,
da bist du, mein Heil, kommen und hast mich froh gemacht.

Ich lag in schweren Banden, du kommst und machst mich los;
ich stand in Spott und Schanden, du kommst und machst mich gross
und hebst mich hoch zu Ehren und schenkst mir grosses Gut,
das sich nicht lässt verzehren, wie irdisch Reichtum tut.

Nichts, nichts hat dich getrieben zu mir vom Himmelszelt
als das geliebte Lieben, damit du alle Welt
in ihren tausend Plagen und grossen Jammerlast,
die kein Mund kann aussagen, so fest umfangen hast.

Das schreib dir in dein Herze, du hoch betrübtes Heer,
bei denen Gram und Schmerze sich häuft je mehr und mehr,
seid unverzagt, ihr habet die Hilfe vor der Tür;
der eure Herzen labet und tröstet, steht allhier.

**Paul Gerhardt**

▶ Vielleicht haben Sie heute die Zeit,

Lukas 1,49 und Psalm 119,171 zu lesen und abzuschreiben? Sie eignen sich durch Schreiben die Aussagen besser an.

▶ Oder mögen Sie lieber dieses aufschreiben?:

„Alles ist groß, was Gott an mir getan hat", sagt Luther. Wir erinnern uns an eigene Beispiele und vergessen nicht: „Alles".

# GEGENSÄTZE

*Und seine Barmherzigkeit währt von Geschlecht zu Geschlecht bei denen, die ihn fürchten. Er übt Gewalt mit seinem Arm und zerstreut, die hoffärtig sind in ihres Herzens Sinn. Er stößt die Gewaltigen vom Thron und erhebt die Niedrigen. Die Hungrigen füllt er mit Gütern und lässt die Reichen leer ausgehen. Er gedenkt der Barmherzigkeit und hilft seinem Diener Israel auf, wie er geredet hat zu unsern Vätern, Abraham und seinen Kindern in Ewigkeit.*
**Lukas 1,50-55**

Das sind keine bloßen Gefühle, die Maria äußert.

Sie zitiert Schriftworte, die ihrem Inneren zur Verfügung stehen.

Ihre Seele schaut sie an. Ihr Mund spricht sie aus. Ihr Geist freut sich Gottes, ihres Heilandes.

Unsere christlichen Vorfahren legten sich „antithetische" Schriften an: Worte der Heiligen Schrift, die sie den Dunkelheiten, dem Schweren, dem Verzagen, der Versuchung und der Schuld entgegenhielten.

„Des Herrn Wort bleibt in Ewigkeit" (1. Petrus 1,25), das muss sich auswirken.
Der Engel sagt zu Maria: „Kein Wort, das von Gott kommt, wird kraftlos sein" (Lukas 1,37; RevElb).

■ Mögen Sie heute sprechen und singen:

Gott sei Dank durch alle Welt,
der sein Wort beständig hält
und der Sünder Trost und Rat
zu uns hergesendet hat.

Was der alten Väter Schar
höchster Wunsch und Sehnen war
und was sie geprophezeit,
ist erfüllt in Herrlichkeit.

Sei willkommen, o mein Heil!
Dir Hosianna, o mein Teil!
Richte du auch eine Bahn
dir in meinem Herzen an.

Heinrich Held

Wenn Sie heute ein wenig Zeit haben,

- ▶ lesen Sie Lukas 1,37; Psalm 145 (oder die Psalmen 135 und 136); Jesaja 60,1-2.
- ▶ Schreiben Sie einige Sätze der Heiligen Schrift, von denen Sie meinen, dass Ihre Seele sie braucht und die Ihr Herz zur Gottesfreude führen können.
- ▶ Und finden Sie heraus: Von welchen Worten Heiliger Schrift leben Sie?

# DAS LEBENSWORT

E r war ein einfacher Waldarbeiter. Ein unauffälliger noch dazu. Am Sonntagmorgen, wenn er aus dem Haus trat, folgte er nicht der abschüssigen Straße nach rechts, wo die Kameraden hingingen, ins Gasthaus, sondern ging nach links den Berg hinauf und dann fünf Kilometer durch den Wald zum Gottesdienst. So hielt er es bis ins Alter. Und nun liegt er im Sterben. Hilflos stehen die Angehörigen ums Bett. Die Stunden verrinnen langsam. Den Söhnen, die untätig und machtlos im Zimmer stehen, spürt man ab, wie froh sie wären, wenn jetzt das Telefon läutete. Man hat den Vikar geholt, um das Abendmahl zu halten. Der Sterbende kann aber schon nichts mehr zu sich nehmen. Der Vikar bleibt da und beginnt, aus dem Gesangbuch Lieder zu lesen. Wie gut, dass es so etwas gibt. Die alten Verse entfalten in dieser Nacht eine ganz eigene Wirksamkeit. So hat man das noch gar nicht gehört:

WENN ICH EINMAL SOLL SCHEIDEN, SO SCHEIDE NICHT VON MIR,
WENN ICH DEN TOD SOLL LEIDEN, SO TRITT DU DANN HERFÜR;
WENN MIR AM ALLERBÄNGSTEN WIRD UM DAS HERZE SEIN,
SO REISS MICH AUS DEN ÄNGSTEN KRAFT DEINER ANGST UND PEIN.

Ja, diese Stunde ist nun da. Und wer hat jetzt noch ein Wort für diese Stunde? Paul Gerhardt mit seinem Lied hatte eines. Später wird es dann ganz still im Zimmer. Und dann auf einmal, als man kaum mehr damit rechnet, da spricht der Sterbende selber noch einmal. Ganz laut und klar. Obwohl er seit Tagen keinen Ton mehr hatte hervorbringen können. Aber nun hören es alle, fest und deutlich: „Der Herr ist mein Hirte." Und dann war er tot. Nein, dann war er bei seinem Hirten. Das Wort, der Psalm, war in ihm lebendig. Er hatte ihn nicht nur im Wortlaut gekannt. Er kannte nicht nur den Psalm. Er kannte den Hirten. „Meine Schafe hören meine Stimme, und ich kenne sie, und sie folgen mir; und ich gebe ihnen das ewige Leben."

# DER BRANDSTIFTER

VON WALTER LÜTHI

Fräulein Haller hatte eben ihr Abschlussexamen als Damenschneiderin glücklich bestanden, als der Arzt ihr schonend, aber ernst erklärte, sie dürfe ihren Beruf vorläufig nicht ausüben und müsse sich eine leichte Tätigkeit, am besten irgendwo auf dem Lande, suchen. So kam die allzu rasch Emporgewachsene zu ihrer Tante nach Thalstetten, um im Haushalt und in der kleinen Handelsgärtnerei auszuhelfen, wo sie dann volle drei Jahre verblieb und zur Freude der weitläufigen Verwandtschaft sichtlich erstarkte. Es war damals die Zeit des Ersten Weltkriegs, damals, als jedermann nicht wenig darüber entsetzt war, dass eine so sorgfältig erzogene Menschenrasse, wie die unsrige es ist, gleichsam über Nacht wieder imstande war, sich gegenseitig an Gut und Blut zu brandschatzen. Unserer kleinen Städterin wollte sich anfänglich zwar nicht die Arbeit, wohl aber die ungewohnte Stille des Landlebens schwer auf die Seele legen. Vor allem die gähnende Leere und Einsamkeit der Sonntagnachmittage war ihr kaum zum Aushalten. Schließlich half sie diesem Notstand ab, indem sie einige nächste Nachbarskinder an einem Regensonntag nach dem Geschirrabwaschen in ihrer Kammer versammelte. Sie erzählte ihnen, was sie wusste, die Geschichten von Gott, vom Jesuskind und vom Himmelreich. Auch einige Kirchenlieder waren ihr aus ihrer Kinderzeit im Gedächtnis geblieben. Bald stellten sich mehr Kinder ein, so dass sich Fräulein Liseli, wie sie bald allgemein genannt wurde, gezwungen sah, zunächst in ein eben leer stehendes Gewächshaus, später in ein Schulzimmer überzusiedeln. Auf diese Weise sammelte sich im Verlauf von zweieinhalb Jahren in aller Stille, gleichsam wie von selber, eine stattliche Sonntagsschule. Die Mütter des Dorfes waren froh, die Kleinen gut aufgehoben zu wissen; der Ortsgeistliche hatte nichts dafür und nichts dagegen; für Liseli Haller waren es hingegebene, selbstvergessene, überaus köstliche Stunden. Bei sicherem Wetter konnte es vorkommen, dass die muntere Schar, mit Leiterwagen und Stosskarren zum Transport der Kleinsten, in den benachbarten Krähenwald auszog.

Wenn auch nicht besonderes Talent zum Erzählen und keine ausgesprochene Gabe zum Singen vorhanden war, so war es die Einfalt des Geistes und die gegenwärtige Liebe des lebendigen Christus, die alle Beteiligten beglückten. So war die Dorfjugend wie eine einzige Familie, bis dass der Feind, der es nicht leiden mag, wenn Menschenkinder glücklich sind, sich mit viel List aufmachte und mit Macht zu zerschlagen versuchte, was ihm schon gleich von Anfang an ein Dorn im Auge war. Es war an einem schwülen Samstagnachmittag, jung und alt arbeitete auf den Feldern, als das Feuerhorn schaurig durch die Dorfgasse gellte. Haus und Scheune des Pächters Marti brannten bereits lichterloh. Zischend schossen die Feuer gegen die Bläue des Himmels. Machtlos standen die herbeigeeilten Männer der Dorfgemeinschaft dem Zerstörungswerk gegenüber. Gar plötzlich sah sich so die Bevölkerung des stillen Aaretales in die Lage der draußen in der weiten Welt vom entfesselten Krieg Heimgesuchten versetzt, wovon die Zeitung damals täglich berichtete. Der Ertrag einer Jahresarbeit, ja selbst die vor kurzem angeschafften Geräte, Wagen und Maschinen wurden ein Raub der Flammen. Ein Glück, dass wenigstens das Vieh im Stall noch rechtzeitig konnte losgebunden und gerettet werden. Zwei Schweine verbrannten. Die Tauben flogen kopflos unters brennende Dach ins sichere Verderben. Spät in der Nacht noch hörte man bis ins Nachbardorf das Krachen der Eternitplatten, welche die Wetterwand der stattlichen Scheuer verkleideten. Der sonst so willkommene kühle Abendwind trug den Brandgeruch kilometerweit übers Feld.

Qualvoll aber stand auf jedermanns Gesicht die Frage, die in jener Nacht den Schlaf von manchem Lager scheuchte, die Frage nach der Brandursache, nach dem mutmaßlichen Täter. Die sachverständige Expertise hatte bald heraus, dass nur Brandstiftung in Frage kommen konnte. Wer in aller Welt mochte das neue freundliche Haus im Herzen des Dorfes verbrecherisch angezündet haben, dazu am heiterhellen Tag? In welchem teuflischen Gehirn konnte der unmögliche Plan ausgeheckt worden sein, zwei friedsamen, fleißigen Pächtersleuten ein junges Anfängerglück brutal zu zerschlagen?

Der gebrandschatzte Bauer musste sich wohl oder übel einem peinlichen Verhör unterziehen. Des einzigen Misstons, dessen er sich aus den jüngst verflossenen Wochen zu entsinnen vermochte – aber nein, weit wies er den ersten Schatten dieses Gedankens von sich , das war die leidige Geschichte mit der Tränke. Ein alter Brunnen stand auf dem Dorfplatz, gehauen aus einem einzigen Stein, am kunstvoll geformten Stock über der Röhre trug er die Zahl des Schicksalsjahres 1798. In diesem gleichsam historischen Brunnen pflegten die vier benachbarten Bauern ihr Vieh zu tränken.

Und nun war es einige Male hintereinander vorgekommen, dass ein herumlungernder Junge das Wasser verunreinigt hatte. Nach wiederholter freundlicher Ermahnung geschah es dann, dass ihn schließlich der Pächter mit einer wohlverdienten Ohrfeige zurechtwies, worauf der Gezüchtigte mit einer bösen Drohung davonlief. Der Bauer schenkte den Worten keine weitere Bedeutung, handelte es sich doch um ein Kind, das erst noch die Unterschule besuchte. Der Junge gehörte der Schusterswitwe, war der Zweitjüngste von vieren. Die Mutter verdiente seit dem Tode des Ernährers einen bescheidenen Taglohn als Wäscherin auf den Höfen in der Runde. Ihr fehlte begreiflicherweise die Kraft, über ihr vollgerüttelt Maß an Tagesarbeit hinaus daheim die Zügel über ihre Kinder straff zu halten, so dass dieselben zusehends verwilderten. Auf diesen kleinen Fritz des verstorbenen Schusters verdichtete sich schließlich der schauerliche Verdacht der Täterschaft. In Anwesenheit des Gemeindepräsidenten, des Oberlehrers und des Polizisten legte der kleine Wicht ein umfassendes Geständnis ab. Mit Absicht und Vorsatz hatte er das Feuer gelegt, um sich für die Ohrfeige zu rächen, „und", hatte er verbissen hinzugefügt, „das ganze Dorf reitet ja sowieso auf uns herum, seit Vater nicht mehr da ist, und die Armen sind im Dorf die Verachteten".

Wenn diese schwermütige Äußerung bis zum Tag der bösen Tat bestimmt übertrieben war, jetzt fing sie an zuzutreffen. Thalstetten kochte vor Entrüstung. Eine Grundwelle der Empörung brandete durch die Nachbardörfer. Jeder Bauersmann trägt in den Urtiefen seines Gemütes eine ganz besondere Abscheu vor dieser Art Verbrechen. Das geht schon aus der Tatsache hervor, dass unsere Vorfahren damals, als sie ihren „ewigen Bund" schlossen, gleich nach der Strafbestimmung über Mord und Totschlag einen zweiten Satz folgen ließen, der lautet: „Wenn aber jemand einen von den Eidgenossen am Tage oder in der Stille der Nacht vorsätzlich durch Feuer schädigen würde, soll er nimmer für einen Landmann gehalten werden (ewige Verbannung); und wenn jemand besagten Missetäter schirmt und verteidigt innerhalb der Täler, so soll er dem Geschädigten Genugtuung leisten."

Der Fall kam vors Amtsgericht. Dasselbe aber ward in nicht geringe Verlegenheit versetzt durch die Tatsache, dass es sich seit Menschengedenken nie mit einem minderjährigen Schwerverbrecher zu befassen gehabt hatte. Schließlich wurde man mit dem Gemeindeamtmann dahin einig, dass man den beinahe unwahrscheinlich jungen Brandstifter zunächst einmal seiner unglücklichen Mutter wegnahm, um ihn einem Grossbauern in Zucht und Obhut zu geben.

Für den kleinen Fritz folgten nun unsagbar bittere Wochen. In der Schule nannte ihn die Lehrerin, als am Montag seine Hausaufgaben nicht in Ordnung waren, kurzerhand den „Brandstifter". Unter den Gleichaltrigen wurde zuerst vereinzelt, dann ganz allgemein der Übername „Feuerteufel" laut. Fritz stand während der Schulpausen abseits, beide Hände in den Hosentaschen, das Hemd straff zugeknöpft, die Kappe in die Stirne gedrückt, von allen gemieden, ausgeschlossen vom Spiel. Abgründig dunkel wurde sein Blick, von Tag zu Tag wurde seine Ausstoßung aus der Nestwärme des Dorfes für ihn fühlbarer.

Auch Liseli Haller machte anfänglich die allgemeine Ächtung des bösartigen Knaben mit. Aber eines Tages wurde sie innerlich beschämt und im Gewissen geschlagen. War denn nicht Christus gekommen, um die Ausgestoßenen, Unverstandenen und der Finsternis Verfallenen zu suchen? Wie konnte sie am Sonntag von jener Liebe erzählen, die alles glaubt und alles hofft, um dann am Montag dem „Feuerteufel" ein liebloses Antlitz zu bieten?

Der Ausgestoßene fing an, ihr um Christi willen leid zu tun. Nicht ohne anfängliches Widerstreben reifte in ihr der Entschluss, dem bösen Kind entgegenzubringen, was ihm bis dahin jedermann versagte – vergebende Liebe. Dabei machte sie sich keine Illusionen darüber, dass sie, selber eine Ortsfremde, den entschlossenen Widerstand der Dorfschaft herausforderte. Mit besonderem Bangen gedachte sie der Sonntagsschule. Wird dies zarte Pflänzchen den zu erwartenden Sturm überdauern? In ihrer Herzensangst suchte sie einfältig Gottes Beistand. Er selber, dessen Anregen sie trieb, sollte entscheiden. Sollte Gott ihr das seltsame Kind in den nächsten Tagen irgendwie in die Quere schicken, dann sollte das für sie das Zeichen sein, es zur Sonntagsschule einzuladen.

Der „Feuerteufel" in der Sonntagsschule – man stelle sich schon so etwas vor! Sie wagte nicht, den Entschluss allein zu riskieren. Eine, zum mindesten eine Verbündete musste sie sich suchen. Und diese fand sich in der gebrandschatzten Pächtersfrau, deren zwei Kinder die sonntäglichen Zusammenkünfte auch besuchten. Nach einiger Zurückhaltung konnte deren mütterliches Herz für den Plan erwärmt werden. Schon viel war damit gewonnen.

Und der Sonntag kam. Liseli Haller hatte hinterm Gewächshaus für einen Kunden einen Dahlienstrauß zu schneiden. Wie sie hurtig die Strasse überschreiten will – wer sitzt da auf dem Lattenzaun der Kälberweide? Sie mochte sich nicht entsinnen, ihn je dort gesehen zu haben. Liseli geht auf den „Feuerteufel" zu und grüsst ihn freundlich. Halb scheu, halb frech erhebt er den Blick und scheint zunächst gar nicht erstaunt zu sein, dass ihn jemand anredet. „Hör, Fritz, willst du nicht auch zu uns in die Sonntagsschule kommen?" Ein Sprung vom Geländer und weg ist der Kleine, einer überraschten Wildkatze gleich. Als aber an jenem Tag die Sonntagsschule schon begonnen hatte – Fräulein Liseli stand eben mitten in der biblischen Geschichte –, da pochte es, auffallend leise war es, dieses Klopfen. Schusters Fritz stand vor der Tür. Die Freude und Liebe, die Liseli Hallers Herz erfüllt, ist nicht zu beschreiben. Fritz darf in der ersten Bank Platz nehmen, wo er nicht kann gestört werden. Mit offenem Gesicht sitzt er da und hört die Geschichte zu Ende. Von diesem Tag an wird der kleine Brandstifter allmählich wieder in den Ring der dörflichen Spiele aufgenommen. Seltener fallen die bösen Schimpfnamen.

Aber noch ist das Dorf selber nicht gewonnen. Eine letzte Klippe gilt es zu umfahren. Liseli Haller war sich dessen klar bewusst, dass alles bis dahin Gewonnene hier noch scheitern konnte. Es ging auf Weihnachten zu. Jedes der Dorfkinder erhielt seinen Vers. „Sag, Fräulein Liseli, darf ich auch einen Spruch aufsagen?" Mit halbgeschlossenem, schuldbewusstem Blick bringt Fritz die Frage vor, wie wenn er die Gefragte zum vornherein entschuldigen wollte, falls es nicht sein darf. Fräulein Liseli aber will sich's bis zum nächsten Sonntag überlegen.

Diese Woche war ein letztes, aber steiles Wegstück. Die Gedanken kamen und gingen, und im Kommen und Gehen stießen und überwarfen sie sich wie die Wellen am Strand des Meeres. Der „Feuerteufel", vor die versammelte Gemeinde soll er treten? Welch eine Zumutung – ja welch eine Provokation. Wäre es nicht klüger, wäre es nicht barmherziger, den kleinen Übeltäter, wenigstens für dieses erste Jahr noch, im Hintergrund zu behalten? Vor Christus, das wusste Liseli Haller, war die Sache in Ordnung. Aber vor den Menschen? War die Erinnerung nicht zu nah, nicht zu blutig die Wunde in der Tiefe der bäuerlichen Seelen?

Und wie sollten, wie konnten die Worte lauten, die ein Brandstifter vor ganz Thalstetten am Heiligabend aussprechen dürfte? In mancher Nachtstunde dieser Woche floh der Schlaf das Auge der wackeren Tochter. Ihr lag gewiss nichts ferner, als die Übeltat ihres Schützlings zu bagatellisieren. Aber wenn in jenen Tagen böse Zungen es im Fällen vernichtender Urteile besonders bunt trieben, dann konnte sie sich nicht enthalten, ihnen in der Stille ihres Herzens mit dem Apostelwort entgegezutreten: „Auch die Zunge ist ein Feuer. Siehe, ein kleines Feuer, welch einen Wald zündet es an! Als eine Welt der Ungerechtigkeit erweist sich die Zunge unter unseren Gliedern, sie, die den Kreis des Lebens in Brand steckt und von der Hölle in Brand gesteckt wird." Mit diesem Wort konnte der ehrwürdige Jakobus kaum nur an das unabsehbare Unheil gedacht haben, das durch gewissenlose Macher der öffentlichen Meinung je und je in der großen Welt angerichtet wird. Er dachte dabei bestimmt auch an die ungezählten kleinen Brandstifterinnen der Zunge. Sie haben Mühe, sich unterwegs an der Weggabelung zu trennen. Sie stehen an den Gartenzäunen. Sie treffen sich beim Krämer und auf dem Wochenmarkt. Sie sitzen bei der Kaffeekanne. Sie tuscheln in den Treppenhäusern.

Das ist „die Pestilenz, die im Finstern schleicht". Liseli Haller musste an die Stätte der Verwüstung in der Mitte des Dorfes denken. Aber ihre Gedanken zogen immer noch weitere Kreise. Sie musste sich mit beinahe körperlichem Schmerzempfinden die ganzen Dörfer und Städte vorstellen, die damals infolge des Krieges draußen in der weiten Welt in Staub und Asche gelegt wurden. Ihre Gedanken schwebten und zuckten von ihrem kleinen Dorfbrandstifter hinüber zu den Brandstiftern in Großformat, welche Weltgeschichte machen, dabei die halbe Welt brandschatzen und Millionen von Erdensiedlern um Herd und Hof und Obdach bringen.

Und in ihrer Herzenseinfalt dachte sie, wenn der Vater im Himmel all diese Weltbrandstifter einsperren wollte, nicht fänden sich auf Erden und im Himmel Gefängnisse genug, um sie alle zu fassen. Und dann dachte sie an Christus, an seine große Liebe, wie er alle Abscheu überwunden hatte, um zu uns auf diese Erde zu kommen, um den Menschen den Frieden zu bringen, jenen Frieden, der am Kreuz dem Übeltäter seine große, übergroße Sünde vergab. Wie er in seiner Todespein am Kreuz mit der Macht seiner Gnade die Gewalt der Sünde überwand. Ja, wie er einmal gesagt hatte: „Ich bin gekommen, ein Feuer anzuzünden auf Erden; was wollte ich lieber, als dass es schon brennte!" (Lukas 12,49). Ein Feuer der heiligen Liebe und des göttlichen Erbarmens.

Am Sonntag darauf erhielt Schusters Fritz seinen Vers zum Aufsagen. Abend für Abend vor dem Fest, erzählte später die Bäuerin, habe sich Fritz mit der Bitte vor sie hingestellt, ihm den Vers abzuhören, damit er dann ja nicht stecken bleibe. „Und", fügte sie mit einem Seufzer hinzu, „Fritz ist anders geworden; er könnte unsern eignen Kindern ein Exempel sein."

Am Heiligabend geschah es, dass Fritz als letzter vor die Gemeinde hintrat. Es hatte sich herumgesprochen, dass auch der Brandstifter einen Vers sagen werde. Die Stille der Erwartung füllte den Raum. Fritz war bleich Zweimal öffnete er den Mund, zweimal schluckte er leer. Dann huschte ein unendlich verlegenes Lächeln über sein schmales Gesicht. Ein Wort ist ein Wort, aber Schusters Fritz brachte keines hervor. Einigen wetterfesten Thalstettern sei es an jenem Abend widerfahren, dass sie mit dem Ärmel über die Stirne streichen mussten, wie beim Garbenbinden in der Ernte, wenn der Schweiß in den Augen brennt.

In Thalstetten redet man noch heute von jenem Weihnachtsfest, da eine Dorfschaft zu ahnen begann, warum es hat Weihnachten werden dürfen und warum eine Welt voll kleiner und großer Brandstifter, voller Mord und Krieg, sich der Geburt des Erlösers freut. Fritz ist später ein geachteter Melker geworden. Seit seiner Verheiratung verdient er ein ehrliches Brot in der Stadt. Fräulein Liseli hat seither die Welt ein zweites Mal in Brand gesehen und hat sich über die Verbrecher des Alltags und über die Verbrecher der Weltgeschichte ihre Gedanken gemacht. Liselis Haar ist unterdessen weiß geworden, und über ihrem Bäcklein blitzen gütig zwei kluge Augen.

Fräulein Liseli hat mir die Geschichte anvertraut. Eigentlich ist es gar keine Geschichte, sondern der wahrheitsgetreue Bericht über eine wahre Begebenheit. Der Erzähler hat ihm lediglich ein wenig Form verliehen und gibt ihn hier ohne viel Abstrich und Zutat weiter.

Der Vers aber, den Fritz der Brandstifter damals, als er wieder völlig in die Gemeinschaft der Leute von Thalstetten aufgenommen wurde, hätte aufsagen dürfen, war sonderbarerweise überschrieben mit dem Titel „Der Brandstifter" und lautet:

Zu Bethlehem, beim Vieh im Stall / Viel hundert Stund vom Aaretal /
Da fing es an zu brennen. / Der heilige Wind blies in den Brand /
Trug Funken über Meer und Land / Man hat's nicht löschen können.

Ihr lieben Leute gross und klein / Ich darf heut' Abend bei euch sein /
Obgleich ihr mich doch kennet. / Ich darf weil unser Herr und Christ /
Der auch für euch geboren ist / Für uns in Liebe brennet.

Und wütet jetzt der Völkerhass / Viel Augen sind von Tränen nass /
Viel Städt' und Dörfer fallen / Jedoch das Feuer jener Nacht /
Das Christus in der Welt entfacht / Es brennt und leuchtet allen.

# DER HEILIGE ABEND

Im Lebensgefühl vieler Menschen unserer Tage reduziert sich Weihnachten auf die Feierlichkeiten am Heiligen Abend. Die Familienfeier mit opulentem Essen, Gottesdienst, Geschenke, das ist das Eigentliche. Die folgenden Tage sind Ausruhtage vom Eigentlichen.

Tatsächlich aber ist der Heilige Abend erst der Vorabend des Weihnachtsfestes, weshalb in manchen Gegenden datumsgerecht der Gottesdienst am Heiligen Abend erst um 24 Uhr gefeiert wird.

Im christlichen Gedenkkalender ist der 24. Dezember noch nicht dem Christkind gewidmet, sondern dem Anlass seines Kommens, und der liegt in grauer Urzeit – im Paradies. Paulus erwähnt es immer wieder: „Wie durch einen Menschen die Sünde in die Welt gekommen ist ..." Das ist präzise der auslösende Punkt für Weihnachten und darum ist der 24. Dezember der „Adam-und-Eva-Tag". Um jener Bruchsgeschichte willen am Anfang der Menschheit. Als der lange Weg der Entfremdung begann, als es „fremdelte" in der Beziehung zwischen Gott und seinen Abbildern, als die grußlose Zeit begann, das Nicht-mehr-miteinander-Reden, das Gefühl gar bei den Menschen, als gäbe es gar keinen Gott mehr.

Der Adam-und-Eva-Tag erinnert daran: Weihnachten ist eine Rettungsgeschichte. In ein totes Verhältnis zwischen Gott und seinen Menschen legt Gott aus eigenem Antrieb ein Kind, sein eigenes Kind. Welch eine Vertrauensgeste. Welch ein mächtig starker Zug seines Herzens. Wo er doch wusste, was er tat und was sie machen mit diesem Kind, die Menschen.

## ■ Haben Sie heute noch Zeit für ein kleines Gespräch mit diesem Kind?

▶ Sie können sich dazu Worte von Paul Gerhardt ausleihen und langsam aussprechen – ganz langsam, damit die Seele mitkommt:

Ich steh an deiner Krippen hier,
o Jesus, du mein Leben.
Ich komme, bring und schenke dir,
was du mir hast gegeben.
Nimm hin, es ist mein Geist und Sinn,
Herz, Seel und Mut, nimm alles hin,
und lass dir's wohl gefallen.

Da ich noch nicht geboren war,
da bist du mir geboren.
Und hast mich dir zu eigen gar,
eh ich dich kannt' erkoren.
Eh ich durch deine Hand gemacht
Da hast du schon bei dir bedacht,
wie du mein wolltest werden.

Ich lag in tiefster Todesnacht,
du warest meine Sonne,
die Sonne, die mir zugebracht
Licht, Leben, Freud und Wonne.
O Sonne, die das werte Licht
Des Glaubens in mir zugericht',
wie schön sind deine Strahlen.

Wenn oft mein Herz im Leibe weint
Und keinen Trost kann finden,
rufst du mir zu: Ich bin dein Freund,
ein Tilger deiner Sünden.
Was trauerst du, o Bruder mein?
Du sollst ja guter Dinge sein,
ich zahle deine Schulden.

# Der Hirte und der Strohhalm

ine Geschichte erzählt von einem Hirten der Heiligen Nacht folgendes: Da war also unter den Hirten einer, der war anders. Er war ein großer und starker Kerl, aber er hatte ein kaputtes Bein und hinkte. Diese Behinderung schränkte ihn oft ein. Er fühlte sich zurückgesetzt, weniger tüchtig und blieb oft allein. So wurde er ein Einzelgänger, saß meistens nur mürrisch am Feuer und hatte es gar nicht ungern, dass die anderen Hirten ihn eher fürchteten als liebten. Ihre Themen waren nicht seine Themen, das stand fest. Und dabei blieb er auch in der Nacht, als die Engel kamen. Und als seine Kollegen zum Stall aufbrachen, da blieb er zurück. Er wollte diesem Spuk, diesem Traum, den sie hegten, nicht auch noch folgen. So saß er am Feuer und hielt es wach und neben ihm schliefen seine Hunde. Aber seine Gedanken konnte er nicht so leicht loswerden und abschütteln wie seine Arbeitskollegen. In seinem Kopf ging es hin und her und sein Herz war unruhig wie selten zuvor. Diese Nacht, diese merkwürdige Nacht! Was ist, wenn es doch kein Spuk war? Was ist, wenn da doch …? Schließlich stand er auf, legte noch einmal kräftig Holz nach, aber dann klemmte er seine Krücke unter den Arm und folgte den Spuren der anderen … Als er endlich den Stall gefunden hatte, kamen bereits die ersten Sonnenstrahlen auf. Der Stall war leer. Es lag noch ein feiner Duft im Raum wie von fernen Gewürzen und der Boden war zertrampelt, als seien viele Leute hier gewesen – aber jetzt war niemand mehr da. Auch kein Kind. Da wollte der alte Trotz in ihm aufsteigen: „Ich habe es ja gleich gewusst, nichts davor und nichts dahinter, alles nur Wind." Und er drehte sich um, dem Ausgang zu. Aber da entdeckt er etwas. Fast aus den Augenwinkeln nur hatte er die kleine Krippe entdeckt, gefüllt mit Stroh, und im Stroh – eine kleine Kuhle … Und da wusste er nicht, wie ihm geschah. Er trat näher und schaute hinein und dann zog es ihn wie von alleine auf die Knie hinunter. „Also doch …" Er schaute und schaute, er fühlte unendlich vorsichtig mit seiner Hand hinein, ein Strohhalm blieb daran hängen. Das war nicht wichtig, dass seine Kollegen nicht mehr da waren, auch sonst niemand mehr. Aus dieser Krippe kam ihm trotzdem jemand entgegen und sah ihn an …

Von allem, was zu sehen,
sieht nichts mich an wie du;
aus deinem Kripplein gehen
mir Lebenskräfte zu …

Er wusste nicht mehr, wie er eigentlich zurückgekommen war an seine Feuerstelle und zu seiner Herde. Stunden später bemerkte er erst, dass er seine Krücken an der Krippe vergessen hatte. Und dass er in der Hand immer noch einen Strohhalm trug …

Auf Stroh hatte das Kind gelegen, der Strohhalm war seine erste Unterlage in dieser Welt. Wie souverän kann Gott das Kleine und Unscheinbare gebrauchen und in seinen Dienst stellen. „Dann kann er auch mich gebrauchen", sagte der Hirte und wischte verstohlen eine Träne aus seinem Bart.

# DANACH

Nun ist die Advents- und Weihnachtszeit so gut wie vorbei. Haben Sie gute Tage gehabt, oder haben Sie – wie oft schon in den Jahren – das Stille, Warme und Besinnliche vergeblich gesucht? Sie sagen: „Ich wollte es, ja, aber die mich umgebende Zeit und ihr Wesen lassen eine spürbare Einkehr für mich einfach nicht zu. Es geht einfach nicht." Und so trieben Sie auch in diesem Jahr dem Höhepunkt, der Heiligen Nacht, entgegen, ahnend und befürchtend, dass erneut leichter ein „finale furioso" daraus wird als eine Begegnung mit dem Geheimnis Gottes? Ist Weihnachten denn nur noch das Fest der wieder und wieder enttäuschten Sehnsucht?

Da möchte ich Sie auf etwas sehr Schönes hinweisen, wenn ich darf: Weihnachten, die hohe und schöne Festzeit, endet nicht mit dem Heiligen Abend, sondern beginnt dort erst. Wir setzen uns dort gewissermaßen an den schön vorbereiteten und gedeckten Tisch. Das Fest ist eröffnet, nicht vorbei. Die Fest-Zeit beginnt gerade. Ein Fest-Zeitraum, ein festlicher Zeitabschnitt ist Ihnen angeboten – wenn Sie bitte einsteigen wollen?

So haben es die Väter jedenfalls gemeint, als sie die Festzeiten geordnet haben: Das Fest soll einen Raum eröffnen, einige Tage, einige Wochen, in denen ein großes Thema behalten wird, bis man richtig darin angekommen und eingekehrt ist.

Unter dem Titel „Die 12 Heiligen Nächte" haben unsere Vorfahren den Tagen nach dem Fest (vom 25. Dezember bis zum 6. Januar) viel Bedeutung geschenkt. Diese dunkle Jahreszeit mit ihren Stürmen und ihrer Kälte waren bei unseren Ahnen bestimmt von der Vorstellung wilder und dämonischer Kräfte, die über das Land brausen. Raunächte nannte man sie, was sprachlich aus „haarig, mit Fell bekleidet" abgeleitet sein soll. Haarige, wilde Gestalten finden sich darum in alten Bräuchen bis heute. Fratzen, Vermummungen in Gestalt winterlicher Dämonen- und Totenfiguren – sie stellten sich einst den dunklen Mächten entgegen in der Hoffnung, dass deren Kraft auf sie übergehe und dass die bösen Geister auf diesem Wege vertrieben werden könnten.

Diesen finsteren und Angst machenden Kräften und Träumen setzten die Christen ihre Erzählungen von Gott entgegen, der als Kind zu den Menschen kommt. Im 4. Jahrhundert wurde Weihnachten als Feiertag vom 6. Januar auf den 25. Dezember verlegt, um, sagt man, dem sol invictus, dem unbesiegten Sonnengott der Ägypter, Syrer, Griechen und Römer sowie dem persischen Lichtgott Mithras den einen großen Anderen entgegen zu halten: Den großen Gott, der ganz klein kommt, so klein wie ein Kind, so dass man keine Angst vor ihm haben muss.

Paul Gerhardt hat das Kind gefunden und von ihm gesagt:

HEUTE GEHT AUS SEINER KAMMER
GOTTES HELD, DER DIE WELT REISST AUS ALLEM JAMMER.
GOTT WIRD MENSCH DIR, MENSCH, ZUGUTE,
GOTTES KIND, DAS VERBIND'T SICH MIT UNSER'M BLUTE.

SOLLT' UNS GOTT NUN KÖNNEN HASSEN,
DER UNS GIBT, WAS ER LIEBT, ÜBER ALLE MASSEN?
GOTT GIBT, UNSER'M LEID ZU WEHREN,
SEINEN SOHN AUS DEM THRON SEINER MACHT UND EHREN.

■ EINE PERSÖNLICHE EMPFEHLUNG:

Lernen Sie diese Worte auswendig, gehen Sie einen Spazierweg damit, kommen Sie darüber ins Gespräch mit Gott.

# ERINNERUNG

Weihnachten ist Zeit vieler Erinnerungen. Gedanken an damals, als die Familie noch beisammen war, als wir selbst noch Kinder waren ...

Dabei kommen viele Dinge vor, die mit der Geburt von Bethlehem nicht viel zu tun haben: Weihnachtsbaum, Lichter, kleine Krippenfiguren, Glaskugeln, Essensbräuche – es ist ja vieles dazugekommen seit Bethlehem und im Laufe der Jahrhunderte. Und für einen Fremden ist es nicht leicht, den Kern der Sache zu entdecken.

Eine Gruppe Männer aus Papua-Neuguinea, so wird erzählt, habe einmal einen Kurzaufenthalt in Deutschland gemacht. Kurz vor Weihnachten kamen sie in Hamburg an. Neugierig schauten sie sich um in der deutschen Stadt, im Weihnachtstrubel, auf Weihnachtsmärkten, in den Straßen und Wohnungen. Kurz vor dem Rückflug schrieb einer eine E-Mail nach Hause. Darin stand:

„Wir haben viel gesehen in Deutschland. Es ist ein schönes Land. Überall ist Licht in den Straßen und warmes Wasser kommt aus silbernen Hähnen in der Wand. Nie zuvor haben wir schönere Autos gesehen und schönere Straßen. Zum Schluss haben wir auch noch die Vorbereitungen für ein seltsames Fest erlebt. Es muss wohl ein Fest für einen alten Förster sein, denn die Menschen laufen ihm zu Ehren alle mit Tannenbäumen in der Hand herum. Er hat früher anscheinend auch viele Taschen und Tüten verschenkt und er hatte es immer eilig. Und wenn ihm kalt war, hat er Kerzen angezündet und diese an einen Baum gebunden. Er trug immer einen langen roten Mantel und irgendwann hat er wohl spaßeshalber sein Enkelkind in eine Futterkrippe gelegt ...“

Wir wollen uns erinnern: Weihnachten ist eine Rettungsgeschichte. Der Weihnachtsbaum – ein Hinweis auf den Baum im Paradies. Die Glaskugeln und früher die Äpfel erinnern an die verbotene Frucht vom Baum des Lebens. Die Strohsterne verweisen auf das Stroh im Stall und in der Krippe, die Kerzen auf Christus, das Licht der Welt.

Ein Kollege von mir lebt an einem See. Täglich macht er dort Spaziergänge mit seinem kleinen Hund. Im vorigen Winter war der See zugefroren. Als er von seinem Weg zurückkam, fehlte der Hund. Zunächst kein Grund zur Besorgnis, denn das Tier kannte sich in der Gegend bestens aus. Als es aber dunkel wurde, machte sich sein Besitzer auf die Suche nach ihm. Im Schein der Taschenlampe sah er Hundespuren auf dem Eis. Ein Stück weiter eine dunklere Stelle, ein Loch. Mit einer Astgabel stocherte er darin herum und wurde fündig. Der Hund war eingebrochen. In seiner Not hatte er verzweifelt versucht, wieder auf festeres Eis hinauf zu kommen. Bei diesem Bemühen hatte er sich seinen ganzen Unterleib aufgerieben an der scharfen Eiskante. Schließlich hatte er keine Kraft mehr und starb im Wasser.

Was empfinden Sie jetzt? Jetzt denken Sie doch auch: „Der arme Hund!" Oder?

■ DANN MÜSSTEN SIE DAS FOLGENDE AUCH VERSTEHEN:
Als Gott die Menschen sah in ihrem selbst gewählten Wegrennen von ihm, todmüde inzwischen, aufgerieben und wund – da sagte er: Jetzt reicht's. „Als die Zeit erfüllt war", schreibt Paulus, da betrat Gottes Sohn die Erde, um Eingebrochene zu retten. Falls sie sich retten lassen …

Und aus seinen Finsternissen
Tritt der Herr, so weit er kann,
und die Fäden, die zerrissen,
knüpft er alle wieder an.

Friedrich Hebbel

Was macht das mit Ihnen? Was machen Sie damit?

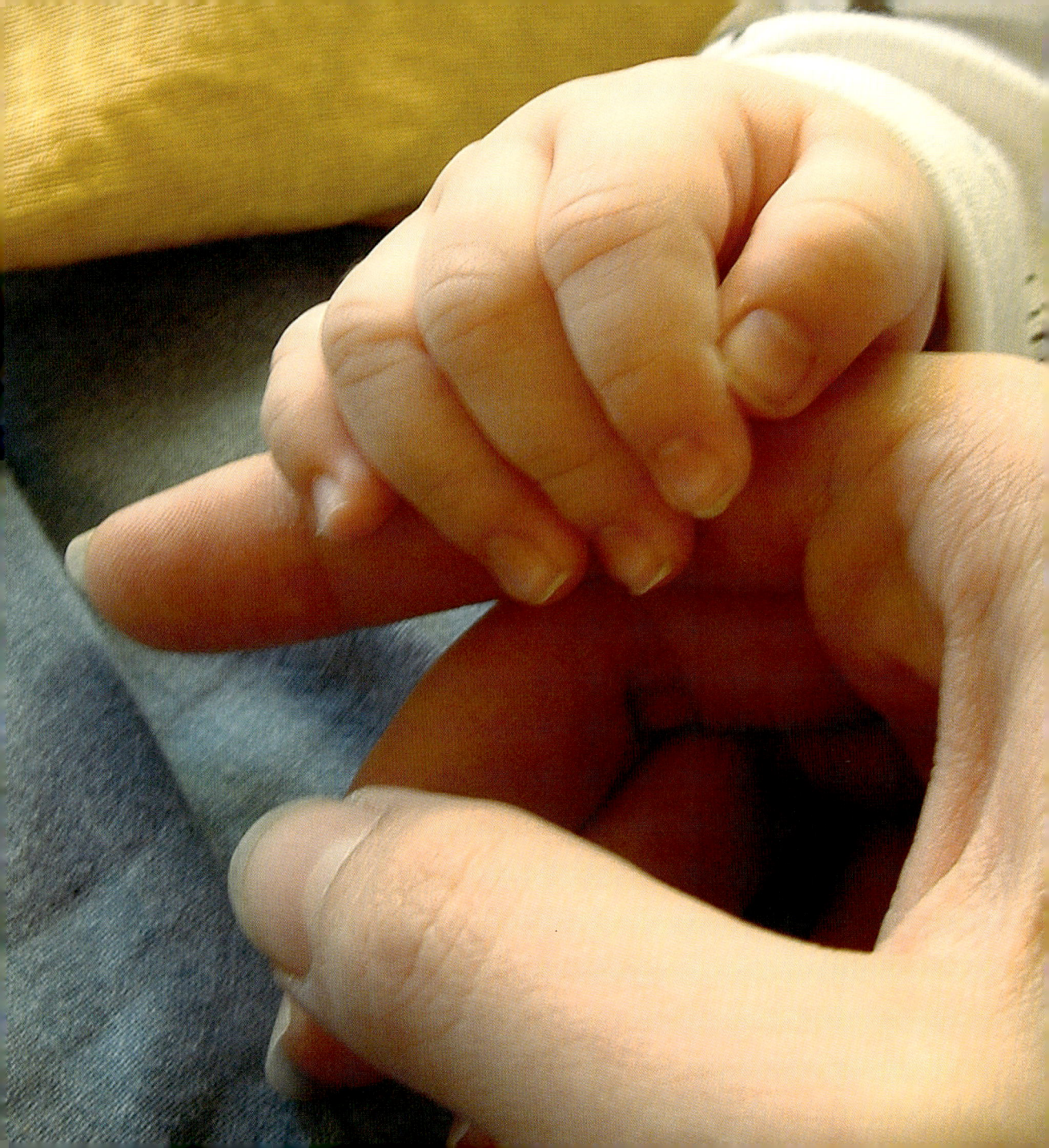

# FESTHALTEN

D as Fest behalten, festhalten, das ist die schöne und lohnende Aufgabe der Tage nach Weihnachten und bis Epiphanias. Damit sich die Seele in dem Großen beheimaten kann, das geschehen ist:

SEHET DIES WUNDER, WIE TIEF SICH DER HÖCHSTE HIER BEUGET.
SEHET DIE LIEBE, DIE ENDLICH ALS LIEBE SICH ZEIGET:
GOTT WIRD EIN KIND, TRÄGET UND HEBET DIE SÜND.
ALLES ANBETET UND SCHWEIGET

**Gerhard Tersteegen**

Die Denktage bis Silvester sprechen davon, wie sehr dieses Fest „geerdet" sein will. Weihnachten ist nichts Abgehobenes, keine Traumtänzerei, der man die Welt, wie sie ist, mahnend entgegenhalten müsste: „Guck mal, so ist die Wirklichkeit!" Um dem vorzubeugen, hat die Kirche auf den 26. Dezember den Stephanustag gelegt (vgl. Apostelgeschichte 6-8), auf den 28. Dezember die Erinnerung an den Kindermord von Bethlehem (vgl. Matthäus 2), und auch die Erinnerung an Jonathan (29. Dezember) und David (30. Dezember) weiß viel von Schuld und Scheitern.

„Es war wie es war", sagte Papst Johannes Paul II., nachdem er den Film „Die Passion Christi" von Mel Gibson gesehen hatte. Es gibt nichts zu beschönigen. Auch an Weihnachten nicht. Gott hat sich mit dieser Welt verbunden, so wie sie ist – nicht so, wie sie sein sollte oder wie irgendjemand sie gerne hätte.

Damit bin ich nun eingeladen, mein eigenes Leben, so wie es ist, in diesen Tagen anzuschauen und Gott hinzuhalten: „Hier, mein Gott, nun mach etwas daraus. Egal was, nur mach etwas daraus."

**Zwei Fragen:** 1. Haben Sie dafür heute ein wenig Zeit? Und 2. warum nicht?

# ERSCHEINUNG

(AUS EINER PREDIGT ZUM EPIPHANIASTAG)

**M**it dem Dreikönigsfest am 6. Januar enden die Zwölf Raunächte nach Weihnachten. Volkskundler sagen: Unsere Vorfahren spürten an diesem Tag ein letztes Mal die Nähe der bösen und dunklen Mächte und legten zu deren Besänftigung Essen vors Fenster oder aufs Dach. In späterer Zeit war der Tag von farbenfrohen Dreikönigs-Schauspielen bestimmt, bei denen sich besonders Kaspar, der dunkelhäutige König, mit seinen Späßen hervortat („Kasperle-Theater"). Davon sind heute die Sternsinger übrig geblieben, die von Haus zu Haus ziehen, ihr „C+B+M" an die Türen malen (Christus benedicat mansionem = „Christus segne dieses Haus" oder: Caspar, Balthasar, Melchior) und für Gaben empfänglich sind. Goethe schrieb spöttelnd über sie:

„Die Heiligen Drei Könige mit ihrem Stern, sie essen, sie trinken und bezahlen nicht gern." Aber man weiß, dass dem Dichterfürsten wenige Dinge heilig waren.

Unter den verschiedenen „Erscheinungen", die dem Epiphaniastag im Laufe der Geschichte unterlegt wurden, hat der biblische Bericht aus Matthäus 2 am stärksten gewirkt. Dort ist die Rede von jenen Männern aus dem Osten, die zum Stall gekommen sind. Aus den drei Geschenken, die sie mitgebracht haben, hat man gemacht, dass es drei Personen gewesen seien. Aus dem Wert der Geschenke sowie aus einer Psalmstelle (Psalm 72,10), Jahrhunderte früher geschrieben, hat man gemacht, dass es sich um Könige gehandelt haben muss. Und seit dem 15. Jahrhundert ist man der Annahme, dass diese Männer die damals bekannten Erdteile zu vertreten hätten und damit auch die farbige Bevölkerung dieser Welt. Und seither ist in den Darstellungen einer der Männer dunkelhäutig. Aus Jesaja 60,1-6 schließlich entsteht an diesem Tag das Thema der Heidenmission. Denn die Männer aus dem Osten waren die ersten Heiden, die vor dem Nazarener die Knie beugten.

*Da Jesus geboren war zu Bethlehem im jüdischen Land zur Zeit des Königs Herodes, siehe, da kamen Weise aus dem Morgenland nach Jerusalem und sprachen: Wo ist der neugeborene König der Juden? Wir haben seinen Stern gesehen im Morgenland und sind gekommen, ihn anzubeten.* **Matthäus 2,1-2**

Luther hat gesagt, in diesem Text stecke „ein sehr erschrecklich und ein sehr tröstlich Evangelium. Schrecklich den Großen, Gelehrten und Gewaltigen, die allesamt Christus verachten. Tröstlich den Geringen und Verachteten, welchen allein Christus offenbart wird".

Ich lade Sie ein, liebe Leserin und lieber Leser, sich von den Königen, den Magiern, den Weisen heute etwas fragen lassen. Sie, die einen ganz eigenen Weg des Suchens und des Glaubens an Gott gehen mussten, sie fragen uns:

1. **Was machst du mit deiner Sehnsucht?**
2. **Was machst du mit den Hindernissen, die kommen?**
3. **Was machst du mit Jesus?**

## ■ 1. WAS MACHST DU MIT DEINER SEHNSUCHT?

Sehnsucht war es, vermute ich, die diese Männer damals auf den Weg gebracht hat. Aufgewachsen im riesigen Reich der Parther (Iran, Irak, Afghanistan) waren sie geprägt von der Licht-Finsternis-Religion des großen Religionslehrers Zoroaster. Er lehrte das Dasein eines unsichtbaren, höchsten und guten Wesens, eines mit heiligen Engeln bevölkerten Himmels und zugleich das Vorhandensein eines bösen, persönlichen Prinzips, des Ahriman.

Der Bringer des Lichts und des Guten, also die Hauptfigur dieser Religion, hieß Mithras. Er war die Sonnengestalt in jeder Hinsicht und er verkörperte das Kommen des Guten und des Rechts. Ihm gegenüber stand das Reich der Tiefe, der Macht von unten, der Finsternis und des Bösen. Der persische Mithraskult, schreibt Jörg Zink, war seit Jahrhunderten bestimmend für die religiöse Großwetterlage der Region. Auch das Volk Israel hatte in der Zeit seiner babylonischen Gefangenschaft damit Kontakt und musste sein eigenes Glaubensbekenntnis daran messen und schärfen.

In dieser Religion gab es nun auch seltsame Prophezeiungen des Zoroaster. Eine davon lautete so: „Höret, ich werde euch das erstaunliche Mysterium vom großen König offenbaren, der in die Welt kommen soll. Bei der Vollendung der Zeit ... wird ein Kind empfangen und mit seinen Gliedern im Schoße einer Jungfrau gebildet werden, ohne dass ein Mann ihr nahe gekommen ist."

Oder an anderer Stelle: „In jener Nacht, in der das Kind geboren wird, erscheint ein Zeichen für die Welt: Ein Stern fällt vom Himmel herab."

Nun verstehen wir leichter, was bei Matthäus steht: Magier aus dem Morgenland haben am Himmel einen Stern gesehen, der sie aufs äußerste elektrisierte. Er ist ihnen ein Licht-Zeichen am Himmel – mit einer Botschaft für die Erde. Für ihre Erde, wohlgemerkt. Sie selber betreffend ist irgendetwas Gutes geschehen. Der Lichtgott hat sich bemerkbar gemacht – also muss das, was geschehen ist, gut sein für alle. Und wo es gut wird, wo irgendwas in diesem Leben gut wird oder werden kann, da muss man doch hin, oder nicht? Und da beginnen sie ihre Koffer zu packen.

Einer der Väter, F. D. Krummacher, hat einmal geschrieben:

> Was sollen sie denn auch anderes machen? Was sollen sie an ihrem Vaterland festhalten, das ihnen keine Ewigkeit hat? Was sollen sie sich an den heimischen Palmenhainen festhalten, aus denen sich kein Stab für ihre letzte Wanderung brechen lässt? Was sollen sie bleiben bei den Goldfunden und den Edelsteinbrüchen ihrer Heimat, mit denen sie weder dem Tode das Lösegeld bezahlen noch sich den Himmel erkaufen können? Über dem Zeichen am Himmel ist ihnen ein Hunger nach letzten Antworten erwacht. Ein Fragen nach dem Woher und Wohin und ihrer ewigen Bestimmung ... Es ist Licht, wonach sie dürsten; untrügliche Wahrheit, die sie suchen; Erlösung von der Sünde, die sie begehren, Gemeinschaft mit Gott und Gewissheit des ewigen Lebens, wonach sie schmachten. Und wir gleichen diesen Männern, sobald auch uns über unsere wahre Lage das Licht einer durchdringenden Einsicht aufgeht.

Was heißen soll:

*So kann's uns selber packen. Spätestens dann, wenn uns die großen Fragen erreicht haben, die wir die Lebensfragen nennen. Die Fragen nach dem Sinn, nach dem Glück, nach der Schuld, nach dem, woher wir kommen und wohin wir gehen und wo wir einmal die Ewigkeit zubringen.*

Als die Magier das Lichtzeichen sahen, brachen sie auf. – Und was machen Sie mit Ihrer Sehnsucht?

Und ein Zweites: Die Magier aus Babylon fragen uns:

## ■ 2. WAS MACHST DU MIT DEN HINDERNISSEN, DIE KOMMEN?

Denn das scheint einem Menschen ja leicht zu begegnen, der sich auf den Weg des Suchens macht, des Gottsuchens, der Sinnsuche – es gibt da leicht Enttäuschungen!

Unter der Führung des Sterns kommen die Weisen ins Land Palästina. Aus der Sternkonstellation beziehungsweise -konjunktion haben sie gelesen: Was zu suchen ist, muss königlich sein. Leute, die sie unterwegs gefragt haben, konnten ihnen nichts sagen. So suchen sie schließlich dort, wo es am ehesten königlich zugeht und klopfen am Tor des Herodes. Aber auch dort weiß keiner Bescheid.

Es scheint, als ob die Sehnsucht und Suche dieser Männer lediglich ihre persönliche geistige Spielwiese sei. Ihr Privatspleen, ihre ganz persönliche astrologische Schnaps-idee.

Wir stehen mit unserem Glauben ja manchmal auch blöd da.

Und es fühlt sich so an, als hätten wir außer unserem frommen Herzchen nichts in der Hand. Nichts Praktisches, nichts Fassbares, nichts Konkretes ... Wie damals, als die Babylonier kamen: „Königssohn", tssstsss ...

Haben sie dann den langen Weg also umsonst gemacht? Wenn noch nicht mal die, die es wissen müssten, Ahnung haben? Die Leute aus Israel nicht, Herodes nicht, und seine Hoftheologen haben auch nur Auslegungsprobleme?

Das zählen wir wohl zu den Hindernissen im Leben und im Glauben, wenn man nicht weiß, wo man jetzt noch fragen könnte. Wenn Sie kaum jemanden finden, der Bescheid weiß. Wenn einem auch keiner den Weg zeigen kann. Wenn keiner mitgehen will bis zu der Stelle, wo man fündig wird.

Oder wird sich die Erfahrung jenes jungen Mannes wiederholen, der einst vor seinem Pfarrer stand und ihn um Rat fragte für seinen weiteren Lebensweg – und ob die Weltmission für ihn ein Thema sein könne. Und da sagte sein Pfarrer zu ihm: „Wissen Sie was, junger Mann? Gehen Sie heim. Essen Sie was Gutes und trinken Sie einen guten Wein und schlafen Sie drüber. Und Sie werden sehen, morgen hat sich das wieder gelegt mit Ihrem Missionseifer und der Weltmission!"

Hindernisse auf dem Weg des Glaubens: Wenn keiner kundig ist. Wenn keiner da ist, der zeigen kann, wie „es" geht. Wenn keiner mitgehen möchte. Und auch: Wenn das, was dann gefunden wird, so dürftig aussieht, so schwächlich, so wenig und so armselig wie das Kind im Futtertrog von Bethlehem?

Und da ist es doch eindrücklich, finde ich, wenn wir das Beharrungsvermögen und die suchende Ausdauer der Magier anschauen: Wie sie weitergehen, auch wenn ihnen die Hindernisse schwer sind. Wie sie suchen, um zu finden – und nicht vorher abbrechen. So als lebte das alte Gotteswort schon in ihnen: „Wenn ihr mich von ganzem Herzen suchen werdet, will ich mich von euch finden lassen, spricht der Herr".

Damit zur dritten Frage, die wir uns von den Magiern gefallen lassen wollen:

### ■ 3. WAS MACHST DU MIT JESUS?

Und so sind die persischen Männer dann in Bethlehem gelandet. Wenigstens das ist ja bei ihrer frustrierenden Suche in Jerusalem herausgekommen: Sie haben eine bestimmte Bibelstelle erfahren und darin eine gewisse Ortsangabe. Es war irgendjemand da, der die Bibel kannte, wenigstens das.

Aber das ist ja auch etwas.

Denn, sagt Luther, dahinter steckt der Heilige Geist Gottes. Der hat es nämlich für „höchstnötig angesehen, dass dies – nämlich die Sache mit Bethlehem – in Schrift verfasst würde. Darum, wenn wir Christus nicht nach der Schrift aufnehmen, dann nimmt ihn niemand auf. Er tut wie ein schlechter Maler, wenn er eine Kuh malen will und vermalt's zu einem Ross. Dann muss er drüber schreiben: ‚Kuh‘. Er schreibt, er wolle den Heiland senden und gleich denkt man an prächtige Pferd' und Wagen. Aber Gott verdirbt das Gemälde und macht das ärmste Kind daraus und vermalt der Welt den Heiland zu einem ganz erbärmlichen Kind. Weil er's so macht, muss er darüber schreiben: Das ist der Heiland; wie der Engel tut und sagt: ‚Euch ist heute der Heiland geboren.‘ Darum: wenn du urteilst nach dem, was du siehst, dann bist du verloren. Wenn aber das Wort kommt: ‚das ist der Heiland‘, dann kannst du nach Bethlehem gehen und finden.“

So folgen sie dem Wort der Schrift nach Bethlehem. Das Wort der Schrift im Munde des Herodes. „Er wies sie nach Bethlehem“, heißt es. Und der Stern bestätigt ihren Weg. Keiner geht mit. Aber sie finden.

*Und sie sahen das Kindlein, mit Maria, seiner Mutter. Und sie fielen nieder und huldigten ihm und sie taten ihre Schätze auf und opferten ihm Gaben: Gold und Weihrauch und Myrrhe.* **Matthäus 2,11**

Und dann stehen sie im Stall. Ganz allein stehen sie da. Kein Schriftgelehrter ist mitgegangen. Kein Herodes. Niemand Gescheites aus Bethlehem oder Jerusalem. Nicht einer von allen diesen Menschen hat sich aufgemacht um ähnliches zu tun wie diese Männer: Nämlich das Kind anzubeten als Gott. Ob sie das nicht verunsichern wird?

Ich habe in einer großen Versammlung einmal laut gelacht, weil ich einen Satz des Redners so komisch fand. Ich hätte angenommen, dass andere auch lachen, aber es blieb ganz still und die Leute schauten mich nur so seltsam an ... In dieser Lage sind die Magier auch. Sie knien vor dem Kind und kein Mensch macht mit. Müssen sie da nicht das Gefühl haben, dass irgendwas nicht richtig ist?

Aber so sieht der Glaube, hat einmal jemand gesagt: Er fällt vor dem armseligen Jesus nieder und betet an. So sieht der Glaube: Er sieht den gehenkten Jesus am Kreuz an und weiß: Der bringt mich heim. Er sieht die kümmerliche Gemeinde an und erkennt in ihr die Braut Christi. Er sieht die Schwestern und Brüder in den Gefängnissen und in der Verfolgung und weiß: Mit diesen Unterlegenen baut Gott sein Reich. So sieht der Glaube auch den Widerspruch an, der ihm widerfährt, die Ablehnung durch andere, den ganzen Jammer und das Elend dieser Welt, auch den im eigenen Leben und weiß es doch: in alledem ist die „Hand, die nicht lässt". Und dann bittet er: „Halte mich fest."

Ein Wort von Hermann Bezzel zum Schluss:

Es ist eine wundersame Tatsache, durch die ganze Heilige Schrift hindurch zu beobachten und im eigenen Leben dazu: Dass Gott der Herr niemals aufgibt, was er einmal gegeben hat und nie verzweifelt an dem, was er schuf. Als die Menschen mit der Sünde von ihm geschieden waren, wäre Vernichtung der ihn verleugnenden Geschöpfe und eine völlige Neuschöpfung das Müheloseste für ihn gewesen ... und diese Neuschöpfung wäre dann von allem verschont geblieben, was die Welt so schwer und einsam macht. Aber nein, er hielt der gefallenen Welt die Treue. Jahr um Jahr hat er den Glauben an sie bezeugt. Bei Abraham, bei Jakob, bei David und bei allen anderen. Er hat geglaubt: Da wird noch was draus.

Gott glaubt an mich. Mit dieser Tatsache nur kann ich leben. Von dieser Tatsache kann ich zehren, bis ich mein müdes Haupt zur Ruhe lege, und zwar nicht um dessentwillen, was ich getan habe, denn dies alles muss den göttlichen Glauben erschüttern. Er hat doch Jahr für Jahr Frucht bei mir gesucht und kam Jahr für Jahr trostlos zurück. Kein einziger von uns – und wäre er der Frömmste – hat den tausendsten Teil von dem erreicht, was Gott von ihm begehrte, erhoffte und erwartete und wozu Gott ihn angelegt hatte. Und dennoch glaubt Gott an ihn.

# JESUS IST KOMMEN, GRUND EWIGER FREUDE

*I*m Evangelischen Namenskalender steht auch der Name Julius Melcher. Das war ein einfacher Mensch. Er stand nie auf hohen Kanzeln, in großen Hallen oder vor Mikrofonen. Sein Platz war in einer Kiesgrube irgendwo an der Oder.

Und dieser Mann kam eines Tages ins Fragen. Ins unruhige Fragen. Da waren Dinge nicht geklärt. Da ging er zu seinem Pfarrer und berichtete ihm über seine innere Verfassung. Und sein Pfarrer sagte zu ihm: „Herr Melcher, Sie sind ein gutes Gemeindeglied, ein tadelloser Kirchgänger. Wenn alle Männer unserer Gemeinde so wären wie Sie, dann wäre ich dankbar. Gehen Sie nur wieder heim mit Ihrer Unruhe und schlagen Sie sich diese Grillen aus dem Kopf."

Und da ging Julius Melcher wieder heim, wie er gekommen war. Umgetrieben von Fragen, die ihn unsicher und traurig machten. Wie Gott ist, zum Beispiel. Ob er streng ist oder auch gnädig? Und wie man das schwere Leben denn nun lebt in dieser Welt? Und was man wohl im Himmel unter Gerechtigkeit versteht?

Nach Jahren kam ein anderer Pfarrer ins Dorf. Und da trug Julius Melcher seine Fragen noch einmal ins Pfarrhaus – all diese Ungereimtheiten seines Lebens und diese schreckliche Ungewissheit ... Und nachdem er lange zugehört hatte, sagte dieser Pfarrer zu ihm: „Herr Melcher, diesen Zustand kenne ich auch. Mir ging es ganz ähnlich. Wissen Sie: An Ihnen arbeitet der Geist Gottes. Sie suchen und brauchen eine Verbindung zu Gott. Das brauchen Sie. Sie brauchen Jesus. Er hat die ganze Welt, Sie und mich am Kreuz erlöst. Ich frage Sie, Herr Melcher: können Sie das im Glauben fassen?" – Und da konnte er. Der Kiesgrubenarbeiter Julius Melcher konnte auf einmal. Und in ihm brach ein neues Leben auf.

Quellenangaben:

Seite 11:        Sten Nadolny: Die Entdeckung der Langsamkeit
                 © 1983 Piper Verlag GmbH, München

Seite 13:        Nun bitten wir den Heiligen Geist, EG 124,1
                 © Gesangbuchverlag, Stuttgart

Seite 14:        Weihnachten, aus: Rudolf Alexander Schröder,
                 Gesammelte Werke in fünf Bänden, Erster Band: Die Gedichte
                 © Suhrkamp Verlag Frankfurt am Main, 1952

Seite 17:        Gott ist gegenwärtig, EG 165,5
                 © Gesangbuchverlag, Stuttgart

Seite 32:        Wie soll ich dich empfangen, EG 11,6
                 © Gesangbuchverlag, Stuttgart

Seite 55 +74     Jauchzet, ihr Himmel, EG 41,3-4
                 © Verlag Merseburger, Kassel, www.merseburger.de

Seite 59:        Arno Pötzsch, Getroste Verzweiflung

Seite 61-62:     Die güldne Sonne, EG 449,2-4
                 © Gesangbuchverlag, Stuttgart

Seite 66:        Dies ist die Nacht, EG 40,1-2
                 © Gesangbuchverlag, Stuttgart

Seite 86:        Gott sei Dank durch alle Welt, EG 12,1-2+4
                 © Gesangbuchverlag, Stuttgart

Seite 91:        Walter Lüthi: Gratuliere zur Weihnacht
                 © Friedrich Reinhardt Verlag, Basel, 2. Aufl. 1979

Seite 110+ 117:  Fröhlich soll mein Herze springen, EG 36,2-3
                 © Gesangbuchverlag, Stuttgart

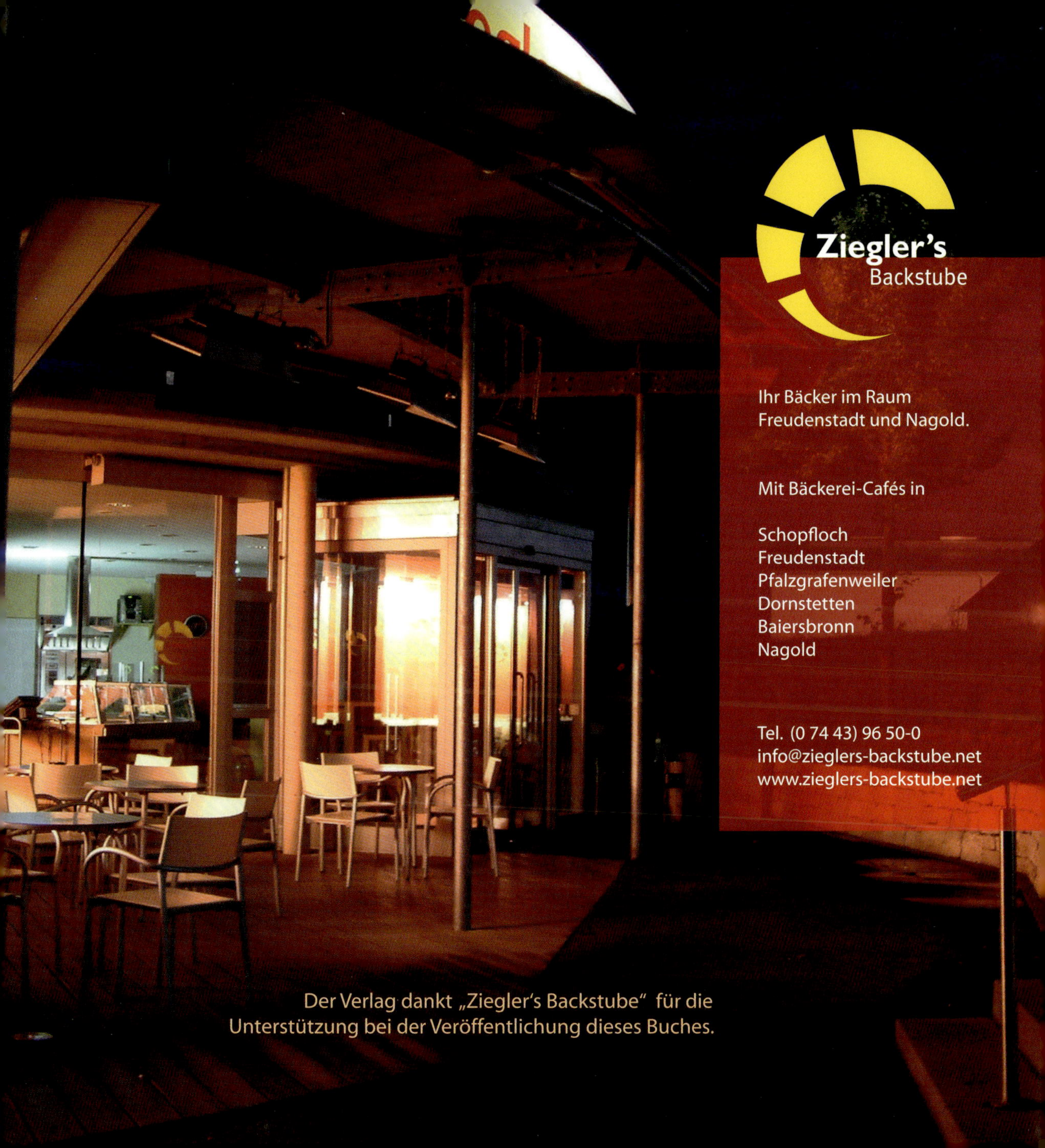


Der Verlag dankt „Ziegler's Backstube" für die
Unterstützung bei der Veröffentlichung dieses Buches.

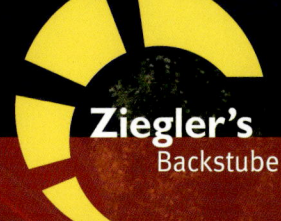